保育現場の子ども虐待対応マニュアル

予防から発見・通告・支援の
システムづくり

倉石哲也 著

中央法規

はじめに

　子ども虐待は、古くて新しい問題です。全国の児童相談所の相談対応件数は増加の一途をたどっています。家庭や地域の基盤が弱くなり、子育てを支え合う身近な関係が弱くなり、周りの支えを必要とする人ほど孤立するようになりました。

　子ども虐待は、虐待をしている保護者（加害者）のみならず、被害者である子どもからも、"相談されること（親告）が少ない"という特殊性をもっています。虐待は周りが気づくことで初めて手を差し伸べられるという「隠された病理」なのです。

　虐待が疑われる家庭にかかわろうとしても、保護者や子どもの抵抗に晒（さら）されることもあり、周りの人が気がついていても手を差し伸べられないといった難しさもあります。周りが"気づかない""手を差し伸べられない"状態のままに、子どもの死亡につながることもあります。

　近年の虐待対応件数の増加は、通報が増えたこと、警察による発見が増えたことなど、周囲が"気づく"ことができるようになった結果だと受け止められています。では"手を差し伸べる"ことはどうでしょうか？ 手を差し伸べても拒否されることが多く、保護者や子どもにかかわることは容易ではないでしょう。

　本書は、保育所等で子ども虐待を予防・対応するにはどうすればよいのか？ といった疑問に答えるために作成されました。

　保育所等の入所要件には、「虐待が疑われる場合」という項目があります。一時保護のように親子を分離せず、できる限り家族が一緒に生活する状態を続けながら支援を続けていこうとするのが児童相談所や家庭児童相談室の基本的な考え方です。つまり保育所等は「要支援家庭への地域支援機関」に位置づけられているのです。保育所等では、歴史的に生活困難を抱える家庭への支援を続けてきました。そのノウハウを含めて、子ども虐待にどのように向き合えばよいのか、手を差し伸べればよいのかを考え、スキルアップにつなげようとするのが本書の目的です。

　本書によって、保育所等の職員全員が1つのケースに包み込むような支援が意識でき、子ども虐待への対応の向上につながることを願っています。

2018年4月

著者

目　次

はじめに

序章 **園内研修のデザイン**
──虐待の予防と支援の人・システムづくり

1 虐待のサインに気づく ……………………………… 007
2 本書の目的 ……………………………………………… 008
3 保育所等の対応 ………………………………………… 009

Ⅰ部　導入編

第1章 **数字に見る　子ども虐待の今**

1 子ども虐待とは ………………………………………… 014
2 児童虐待相談対応件数の推移 ………………………… 017

第2章 **虐待における保育所等の役割と現状**

1 子ども虐待に関連する法制度 ………………………… 020
2 保育所等に求められる役割 …………………………… 030

Ⅱ部　実践編

第3章 **虐待予防　保育者の目を養う**

1 虐待のリスクを見抜く ………………………………… 040
2 虐待のリスクを評価する ……………………………… 041
3 虐待が起こる要因を探る ……………………………… 043
4 虐待のサインに気づく ………………………………… 050
5 アセスメントシートの活用 …………………………… 069

第4章 発見・通告のタイミングと手順

1 保育所等における発見・通告の必要性 086

2 虐待の疑いへの気づきと重篤度の判断 087

3 虐待のリスクの見極めと通告先 091

4 通告先の検討と通告 095

5 発見・通告から対応までの流れ 099

第5章 虐待を受けた子どもと 保護者への継続的な支援

1 保育所等で子どもを見守る 104

2 児童相談所の介入から保育所等利用までの流れ 108

3 保育所等での支援・子どものケア① 112

4 保育所等での支援・子どものケア② 119

5 保護者への対応・支援① 125

6 保護者への対応・支援② 130

7 保護者への対応・支援③ 138

8 他児への配慮・対応 143

9 きょうだいへの対応 144

10 チームアプローチ 145

Ⅲ部 応用編

第6章 個別事例から学ぶ 保育所等の可能性

CASE 1 若年母親によるネグレクト 152

CASE 2 精神疾患を抱える母親による身体的・心理的虐待

.... 157

CASE 3 愛着の形成が困難な親子 162

CASE 4 同居人による身体的虐待 167

CASE 5 祖母との愛着の形成が困難 172

事例研究からの学び──本章のまとめ 176

コラム 先進事例からの学び 178

第7章　保育所等のシステムづくり

1 園内でできる研修と進め方 ·· 184

2 事例研究（ケース・カンファレンス）の進め方 ················ 191

3 職員を支える ·· 199

索 引 ·· 203

お わ り に

凡例

本書では原則として、以下のとおり用語の統一をしています。

・子ども虐待、児童虐待 → 子ども虐待

・保護者、親 → 保護者

・他の子ども、他児 → 他児

序章

園内研修のデザイン
――虐待の予防と支援の人・システムづくり

1　虐待のサインに気づく

　「（子どもを出産するまで）子育てを苦しく感じるとは夢にも思っていませんでした」

　これは、筆者が出会ったある母親の言葉です。妊娠していることがわかり、「幸せいっぱいで、子どもを育てるのが楽しみだったのに、出産してからは地獄だった」と彼女は語ってくれました。

　どこで歯車が狂ったのでしょうか? 彼女は続けます。

　「子育てに失敗してはいけないと思って、一生懸命育てていました。なのに、思いどおりにいかなくて、子どもが恨めしくて。子どもが泣くと手が出てしまって。気がついたら、子どもを床に投げていました」

　かわいい子どもを恨めしく思うようになったのはなぜでしょうか?

　「虐待」と聞くと誰もが身構えます。

　「子どもがかわいそうだ」「酷い保護者だ。許すことができない」と、処罰感情がわくのは人間として当然かもしれません。しかし同時に、「なぜもっと早く、虐待のサインに気づけなかったのか」「手を差し伸べることはできなかったのか」と、後悔の念がわき上がるかもしれません。

　「（気づいたとしても）どうしていいかわからない」という人もたくさんいるでしょう。

　「気づいていたけれど、保護者ともめたくはないし、どうしていいかわからなかった」「もう少し様子を見ておこうと思っていた」と、保護者や子どもが出すサインに気づいていたけれど、良い手立てが浮かばず、そのまま様子を見ておこうと思っていた矢先に、重篤な状態に陥ってしまう場合があります。

　手を差し伸べることができなかった結果が虐待なのです。

　親と子どもが出しているサインに周りが早く気づくことで、状態が悪くなるのを防ぐことができるかもしれません。少しでも望ましい方向に親子関係が進むかもしれません。親子が周囲から支えられることで、親は子育てに希

望がもてるようになるかもしれないのです。

　保育所等は、子どもと保護者が安心して利用できる場所です。保育所等だからこそできる子どもと保護者の支援を、職員全体で考える必要があります。保育所等全体で支えられているという安心感を得ることで、保護者は子育てに希望をもち始めるのではないでしょうか。

2　本書の目的

　子育てをつらく思う保護者が増えています。一人で孤独に育児をしている保護者が増えました。生活の苦しさから、子どもを道連れに心中しようとする親がいます。子育て受難の時代といっても過言ではないかもしれません。一人の親に育児負担がのしかかり、相談相手がいなければ、誰もが虐待をしてしまう危うさが現代社会にはあります。

　なぜ虐待にまで至ってしまったのか？　なぜ虐待にまで至らなかったのか？　それは紙一重の理由によります。

　今や保育所等は、虐待予防の第一線にある児童福祉施設と認識してもよいでしょう。保育所等は子育てに苦しむ保護者と、被害に遭っても声を上げることができない子どもの両方に手を差し伸べることができるのです。

　そのためには、保育者が「虐待」について広い知識をもち、保護者や子どもが発するサインに気づく目を養い、保護者と子どもにかかわるための知識と技能を高める必要があります。

　虐待対応は保育者一人でするものではありません。最初の気づきは一人の保育者かもしれませんが、その親子とつながり、ていねいな対応を進めるためには、チームによる支援が必要になります。保護者と子どもに関する情報を集め、子どもへのかかわりや保護者への声かけ、関係機関への情報提供等、細かな役割を所内で確認しながら対応を進めます。

　家庭児童相談室や児童相談所と連携する場合、保育所等には、親子の状況を説明し、虐待のアセスメントを行うことが期待されます。そのために園内チームでも虐待の理解、虐待のアセスメント、役割分担などの方法について共通の考え方をもっておく必要があります。虐待と疑われるような事態を楽観的に考える保育者がいると、チームでの対応は困難になります。

　保育所等で虐待のサインを発見し、適切な対応ができるようにするために、本書は企画されました。虐待対応について、保育者の研修、園内研修で活用できるように、研修方法についても紹介しています。

本書の目的は以下のとおりです。

①保育所等の職員が子ども虐待の知識を高める

②子どもの些細な変化に気づく

③虐待ではないかという目をもち、情報を共有できる

④虐待の深刻さを図るための一定の判断基準をもつ

⑤保護者への対応方法について園全体で考えることができる

⑥関係機関と情報を共有し対応方法を協議できる

⑦関係機関につなげる方法を園全体で考えるための知識を習得できる

⑧虐待の予防・発見・対応について園内研修ができる

⑨虐待の予防や対応のための新しい試みを考えることができる

3　保育所等の対応

　虐待と聞くと保育者だけでなく誰もが身構えます。

●子どもは何をされたのか? 身体（命）は大丈夫なのか?

●誰がしたのか?

●子どもを守らなければいけない

●保護者にはどう対応しようか?

●どこに連絡しなければならないのか?

●職員で協力する体制をつくらないといけない

●事実確認やこれまでの子どもと保護者の情報を集めないといけない等々、虐待に気づいて（発見）から対応するまでの間に、瞬時に考えなければならないことが保育の現場ではたくさんあります。

　現場では不安や緊張が広がりますが、明らかに判別できる傷がある場合などは、児童相談所や家庭児童相談室に連絡をすれば、職員が様子を見に来てくれます。そして緊急性が高いと判断されれば、そのまま一時保護になる場合があります。その場合、一時保護になったことを保護者にどのように伝えればよいのでしょうか?

　また、虐待かどうか判断がつかない状況で児童相談所等に報告をすると、「しばらく様子を見て、再発などがあれば教えてください」と、見守りを依頼される場合があります。では、どのように様子を見守ればよいのでしょうか? 虐待が疑われる状態（傷や不衛生）を保護者に確認する方法や子どもを見守る方法を保育所等は考えなければなりません。

　ここで、ある保育所等の事例から考えてみましょう。

> **インシデント（ある場面）**
>
> 「サチコさんが顔に引っかき傷をつくって登園してきました。お母さんから虐待されたと思います」
>
> 　保育士のAさんは、職員室で園長に報告しました。園長はすぐに確認に行きます。傷を確認した園長は、叩かれてできたのか、自分で引っかいてできた傷なのか、そもそも誰からされたのか判断がつきませんでした。サチコさんは「転んだ」と言っています。Aさんは、最近疲れた様子だったサチコさんの母親が気になっています。

　子どもの傷や不衛生な状態は虐待に結びつけて考えますが、虐待だとすぐに判断ができるのはかなり重篤な場合です。あるいは日をおかずに、同じような状況が繰り返し確認されれば重篤と判断できます。一方現場では、判断するのが悩ましい状況が多いでしょう。したがって、判断は常に複数の人間で行う必要があります。複数の目で子どもの様子を確認（現状確認）し、意見交換し虐待を疑うのかなど、深刻度について意見を一致させます。時には判断や意見が分かれることもあります。大切なのは、子どもと保護者を見守るための手立てが、職員間で共通認識として理解されることです。ですから、

- 子どものけが、不衛生な状態を証拠に残す（写真、スケッチ等保存の方法）
- 子どもの守り方を考える（保育での様子確認、家に帰す判断）
- 子どもへの聴き取りを行う（尋ね方の確認）
- 保護者への尋ね方を確認する
- 連絡先の確認をする
- 職員の役割分担を確認する
- 関係機関との役割分担や協働体制を確認する　等

決められた役割を職員が連携しながら対応する必要があります。

　しかし、けがの評価、保護者への尋ね方、関係機関の協働等で意見が分かれると「しばらく見守りましょう」といった曖昧な判断が下される危険性もあります。保育者では判断が難しいから、園内で意見が分かれたから「様子を見る」のは「放置」に近い状態です。「放置」を防ぐためには、日頃から虐待について理解を深め、職員の虐待への認識を高めておかなければなりません。

　日常的に会議などを通して職員間でコミュニケーションを図っておくと、

サチコさんのような突発的な事態に対して情報共有と役割分担、保育所等の内外との連携が速やかに行えるようになります。そのためにも、保育者同士で日頃の意識を積み上げておく姿勢が求められるのです。　　◆

序章

第1章

第2章

第3章

第4章

第5章

第6章

第7章

I 導入編

子ども虐待の通告件数は年々増加しているという発表がありますが、保育所等の保育者にとって、どのくらい身近な出来事なのでしょうか。まずは全体の数字から、最近の虐待の傾向について理解します。

第 **1** 章

数字に見る
子ども虐待の今

1 子ども虐待とは

　虐待はアビューズ（abuse）とネグレクト（neglect）に二分されます。アビューズは「濫用」といい、「行き過ぎた行為」を意味します。一方ネグレクトは「放任」といい、「行き届かない状態」を意味します。つまり虐待は、保護者の行き過ぎた体罰や権利（親権）の乱用を指し、ネグレクトは養育の責任放棄や放置を指します（図表1-1）。いずれも子どもが健康に発達・成長する権利を脅かし、成長過程で心理的に、また人格的にも大きな影響を及ぼします。

図表1-1　虐待とは

（1）虐待の類型

　子ども虐待は、2000（平成12）年に制定された「児童虐待の防止等に関する法律」（以下、防止法）で規定されています（第2条）。防止法では、虐待を4つに分類しています（図表1-2）。

❶身体的虐待

　具体的には、打撲、火傷（たばこによる火傷を含む）、内臓損傷、骨折、激しく揺さぶる、溺れさせる、戸外に締め出す、意図的に子どもを病気にさせる等の行為を指します。

　身体的虐待はけが、打撲の痕、骨折などの外傷で、医療機関、学校や保育所等で発見されます。子どもや保護者に確認しても、自分で転んだ、きょうだいげんかでなった、机やいすから落ちたなど、不自然な説明がされることがあります。傷やけがが保護者や子どもの説明と一致しなくても、写真に撮って証拠として残しておく必要があります。

　また、子どもをわざと病気にさせることで、保護者が医療従事者の関心を引こうとする行為を「代理によるミュンヒハウゼン症候群」といい、子どもを死に至らせることがあります。

解説

ミュンヒハウゼンは、ドイツ民話に登場するホラ吹き男爵のこと。ミュンヒハウゼン症候群は、自分が意図的に病気やけがを負い、周囲からの関心を引こうとする行為をいう。保護者の代わりに子どもを重い病気（入院や付き添いが必要な）にさせるために「代理による」が付く。

名称	定義
身体的虐待	児童の身体に外傷が生じ、又は生じるおそれのある暴行を加えること
性的虐待	児童にわいせつな行為をすること又は児童をしてわいせつな行為をさせること
ネグレクト	児童の心身の正常な発達を妨げるような著しい減食又は長時間の放置、保護者以外の同居人による身体的虐待あるいは性的虐待、心理的虐待と同等の行為の放置その他の保護者としての監護を著しく怠ること
心理的虐待	児童に対する著しい暴言又は著しく拒絶的な対応、児童が同居する家庭における配偶者に対する暴力（面前DV、内縁関係等を含む）その他の児童に著しい心理的外傷を与える言動を行うこと

図表 1 - 2　虐待の類型

❷性的虐待

　具体的には、子どもへの性交、性的暴行、性器を触るまたは触らせる、性器や性交を見せる、ポルノグラフィの被写体などに子どもを強要する等があります。その他、子どもへの過剰なスキンシップ（プライベートゾーンやプライベートパーツを触る）といった行為も含みます。

　性的虐待は、被害を受けている子どもから相談があって初めて判明します。これを「親告」といいます。幼少期の子どもは、性的虐待を受けていても、それが虐待だと認識していない場合が多く、子どもの様子は外見上は何ら変わりないために、親告されないと発見が遅れます。また、たとえ子どもから親告されても、保護者はスキンシップの１つの方法として虐待を否定します。性器が挿入されるなど明らかな性的被害以外は事実関係の把握が難しく、子どもによる証言に頼るところが大きいのも事実です。

　性的虐待を受けると、子どもは性的な発言や行動が増えたり、逆に急にふさぎ込んでしまうといった変化が起こることがあります。そのため、保育者等は日頃から子どもの言動を注意深く観察する必要があります。

❸ネグレクト

　具体的には、家に閉じ込める、重大な病気になっても病院を受診しない、子どもの意思に反して学校や園等に登校、登園させない、長時間不潔なままにする等を指します。

　保護者による身体的虐待が疑われなくても、家の中でけがが絶えないような状況はネグレクトに該当します。保育所等に登園させない、家から出さない場合もネグレクトに該当します。近年は保護者の精神疾患等により、家庭で適切な養育がされないケースも増えています。また、宗教上の理由から外科的治療やその際の輸血を拒んだり、障害をもって生まれた子どもに適切な治療を受けさせず死を望むような場合は、医療ネグレクトに該当します。

❹心理的虐待

　具体的には、子どもの心を傷つける言動、拒否的な態度等を指します。

　近年の虐待通告には、DV（ドメスティック・バイオレンス）による心理的虐待（親による暴力を子どもが目撃する）が増えています。これは、DV被害に対する社会の意識が高まった結果ですが、DVの被害を受けた保護者の身体的・心的外傷が大きい場合や、子どもが受けた心理的なダメージが大きい場合は、親と子どもが分離されることがあります。

　以上が虐待の類型です。虐待の状態は複合的です。ネグレクトの背景には性的虐待が疑われたり、心理的虐待と身体的虐待が同時に繰り返されている場合などがあります。保育者は4つの類型を参考にしつつも、子どもや保護者が発しているサインを見逃さないことが大切です。そして、明らかになっている虐待の背景に別の虐待が隠されているかもしれないという意識をもち観察の目を養うようにしましょう。　　　　　　　　　　　　　　　◆

2 児童虐待相談対応件数の推移

（1）相談件数の推移

　平成28年度の全国の児童相談所の児童虐待相談対応件数は12万2575件で、前年度に比べて1万9289件（18.7％）の増加となっています（図表1-3）。内訳は、身体的虐待が3万1925件（26.0％。+3304）、ネグレクトが2万5842件（21.1％。+1398）、性的虐待が1622件（1.3％。+101）、心理的虐待が6万3186件（51.5％。+14486）となっており、全体に占める心理的虐待の割合が高いことがわかります（図表1-4）。

　児童相談所に寄せられる虐待相談の経路は、警察等が5万4812件（45％。+16288）、近隣・知人が1万7428件（14％。+13）、家族が9538件（8％。+661）、学校等が8850件（7％。+667）、福祉事務所が7673件（6％。+537）、医療機関が3109件（3％。+31）、児童福祉施設が1772件（1％。+47）となっています。警察については、DV対応などによる身柄つき通告が増えていることが背景にあります。保育所等による通告の多くは、市町村の福祉事務所（家庭児童相談室）を経由して児童相談所に通告されています。

解説
身柄つき通告…子ども本人とともに児童相談所に通告すること。対して文書通告は、子どもの身柄は家庭など警察以外の場所にあり、文書のみで通告することを指す。

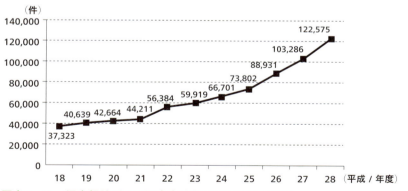

図表1-3　児童相談所での児童虐待相談対応件数の推移

	身体的虐待	ネグレクト	性的虐待	心理的虐待	総数
平成28年度	31,925(26.0%) (+3,304)	25,842(21.1%) (+1,398)	1,622(1.3%) (+101)	63,186(51.5%) (+14,486)	122,575(100.0%) (+19,289)

図表1-4　児童相談所での虐待相談の内容別件数

（2） 主たる虐待者

　主たる虐待者は実母、実父、実父以外の父親、実母以外の母親の順に高い割合となっています。平成28年度の統計では順に48.5％、38.9％、6.2％、0.6％、その他5.8％です。実親以外の親は内縁関係を含みます。内縁関係は親子と生活を共にしていないこともあり、加害者の特定が難しい場合があります。保育者は、虐待を疑われる子どもを発見した際に不特定の大人の出入りがないか保護者や子ども（または家庭の周辺）から情報を集め、家庭の形態の把握に努める必要があります。

（3） 子どもの年齢

　虐待を受ける子どもの年齢（平成28年度）は、0〜2歳が19.5％、3〜6歳が25.6％、7〜12歳が34.0％、13〜15歳が14.2％、16〜18歳が6.7％です。学齢前の子どもが全体の4割強を占めていることがわかります。3歳未満児は虐待を受けることは命にかかわる危険性が高い（ハイリスク）ため、親子の分離を優先する介入や支援を想定しておく必要があります。

（4） 虐待による死亡

　厚生労働省は2003（平成15）年から、虐待（心中を含む）による死亡事案の集計を行っています（児童虐待等要保護事例の検証に関する専門委員会）。同集計によると、平成27年度は虐待死が48件（52人）、心中が24件（32人）で合計72件（84人）です。統計を取り始めて以降、年齢が低いほど高い水準で推移していて、心中を含まない虐待死では0〜2歳が37人で全体の71.2％を占め、加害者は実母26人（50.0％）で最も多く、実母の抱える問題として妊婦健康診査未受診、予期しない妊娠、若年（10代）妊娠が多くなっています。　◆

I 導入編

前章で、最近の子ども虐待の傾向を俯瞰しました。本章では、この現実を踏まえて、保育所等として
または一人の保育者として何をすべきか法律や制度から期待される役割について考えていきます。

第 **2** 章

虐待における
保育所等の役割と現状

1 子ども虐待に関連する法制度

　すべての国民は子どもを虐待から守る義務が、児童虐待の防止等に関する法律により定められています。保育所等は、虐待を受けたと思われる子どもを守る義務が児童福祉法や保育所保育指針等により定められています。ここでは専門職として知っておくべき法制度について学びます。

（1）児童虐待の防止等に関する法律

　2000（平成12）年5月、「児童虐待の防止等に関する法律」（以下、防止法）が公布され、同年11月に施行されました。以降、毎年11月は「児童虐待防止推進月間」となっています。その後、数回の改正を経て、現在の内容となっています。保育者に直接関係のある条文としては、虐待を4つに分類し規定したこと、早期発見と通告を義務づけたこと、虐待を受けた（と思われる）子どもへの支援に配慮することがあげられます。

❶児童虐待の定義

第2条　児童虐待の定義

　この法律において、「児童虐待」とは、保護者がその監護する児童について行う次に掲げる行為をいう。

一　児童の身体に外傷が生じ、又は生じるおそれのある暴行を加えること。

二　児童にわいせつな行為をすること又は児童をしてわいせつな行為をさせること。

三　児童の心身の正常な発達を妨げるような著しい減食又は長時間の放置、保護者以外の同居人による前2号又は次号に掲げる行為と同様の行為（※身体的虐待、性的虐待、心理的虐待）の放置その他の保護者としての監護を著しく怠ること。

四　児童に対する著しい暴言又は著しく拒絶的な対応、児童が同居する家庭における配偶者に対する暴力（※面前DV）、その他の児童に著しい心理的外傷を与える言動を行うこと。

防止法では、外傷が生じるおそれのある暴行（外傷にはならないが叩く、蹴る、物に打ちつけるなどの行為等）が身体的虐待、同居人による虐待をやめさせるなどして子どもを守ろうとしない保護者は放任（ネグレクト）、配偶者（内縁関係を含む）への暴力は面前DVにあたり、心理的虐待として明記されました。

保育者は、子どもや保護者の様子から虐待に該当するかどうか、複数の目で観察し証拠を集め、チェックリストを使って確認をすることが大切です。

❷児童虐待の早期発見

第5条　児童虐待の早期発見等

（略）学校の教職員、児童福祉施設の職員、（略）その他児童の福祉に職務上関係のある者は、児童虐待を発見しやすい立場にあることを自覚し、児童虐待の早期発見に努めなければならない。

2　前項に規定する者は、児童虐待の予防その他の児童虐待の防止並びに児童虐待を受けた児童の保護及び自立の支援に関する国及び地方公共団体の施策に協力するよう努めなければならない。

3　学校及び児童福祉施設は、児童及び保護者に対して、児童虐待の防止のための教育又は啓発に努めなければならない。

保育者は、子どもの虐待を発見する最前線にいるといえます。保護者の話や子どもの様子から、保育者が「あれ、何か変だな?」「何となく危ないな」と疑問に思うところから発見は始まります。防止法では、児童とかかわりのある職務にある者は、子どもを守るために自治体の施策に協力すること、虐待防止のための啓発や教育を行うことの義務を明記しています。

❸児童虐待の通告

児童虐待に係る通告

第6条　児童虐待を受けたと思われる児童を発見した者は、速やかに、これを市町村、都道府県の設置する福祉事務所若しくは児童相談所又は児童委員を介して市町村、都道府県の設置する福祉事務所若しくは児童相談所に通告しなければならない。

> **第7条** （略）通告を受けた市町村、都道府県の設置する福祉事務所又は
> 児童相談所の所長、所員その他の職員及び当該通告を仲介した児童委
> 員は、その職務上知り得た事項であって当該通告をした者を特定させ
> るものを漏らしてはならない。

　発見者は、虐待を受けたと思われる段階で通告ができるようになりました。通告先は福祉事務所、児童相談所または民生委員・児童委員（主任児童委員）になります。虐待の通告によって、専門職がもつ守秘義務の違反や秘密漏示の罪には該当しないことも明記され、保育者は 躊 躇 することなく通告することが義務づけられています。なお、児童福祉法第25条でも通告義務が定められています（保育者と保護者の関係を意識しながら通告する方法については第4章で学びます）。

❹児童虐待を受けた児童への支援

> **第13条の3　児童虐待を受けた児童等に対する支援**
> 　市町村は、（略）児童福祉法第24条第3項の規定により調整若しく
> は要請を行う場合には、児童虐待の防止に寄与するため、特別の支援
> を要する家庭の福祉に配慮をしなければならない。
> 3　国及び地方公共団体は、児童虐待を受けた児童がその年齢及び能力
> に応じ充分な教育が受けられるようにするため、教育の内容及び方法
> の改善及び充実を図る等必要な施策を講じなければならない。
> 4　国及び地方公共団体は、居住の場所の確保、進学又は就業の支援そ
> の他の児童虐待を受けた者の自立の支援のための施策を講じなければ
> ならない。

　この条文は、虐待が保育所等を利用する要件となっていることを意味します。地域からの通告、健康診断や地域の子育てひろば、子育て支援センター等を通して、虐待が疑われたり保護者から相談があった場合、市町村は保育所等の利用をすすめることができるようになりました。子どもと保護者への支援については第5章で学びます。

I.導入編　Ⅱ.実践編　Ⅲ.応用編

（2）児童福祉法

❶市町村の役割に関する条文

児童福祉法第10条では、市町村の業務が記されています。

第10条　市町村の業務

　　市町村は、この法律の施行に関し、次に掲げる業務を行わなければ
ならない。
一　児童及び妊産婦の福祉に関し、必要な実情の把握に努めること。
二　児童及び妊産婦の福祉に関し、必要な情報の提供を行うこと。
三　児童及び妊産婦の福祉に関し、家庭その他からの相談に応ずるこ
　　と並びに必要な調査及び指導を行うこと並びにこれらに付随する業
　　務を行うこと。
②　市町村長は、前項第３号に掲げる業務のうち専門的な知識及び技術
　　を必要とするものについては、児童相談所の技術的援助及び助言を求
　　めなければならない。

　この規定によって、市町村は母子保健や子育て支援に関する事業を整備し、
虐待の未然防止や早期発見を行うことが義務づけられました。医学的、心理
学的判定や一時保護など、専門的な知識や技術を必要とする業務は、児童相
談所で対応することになっています。

❷要保護児童対策地域協議会（要対協）に関する条文

　要保護児童やその保護者に関する情報交換や支援内容の協議を行う要保護
児童対策地域協議会は、児童福祉法第25条の２で定められています（保育に
関する条文を抜粋）。

第25条の２　要保護児童対策地域協議会

　　地方公共団体は、単独で又は共同して、要保護児童の適切な保護を
図るため、関係機関により構成される要保護児童対策地域協議会（以

下「協議会」という。）を置くように努めなければならない。

② 協議会は、要保護児童及びその保護者（以下「支援対象児童等」という。）に関する情報その他要保護児童の適切な保護を図るために必要な情報の交換を行うとともに、支援対象児童等に対する支援の内容に関する協議を行うものとする。

⑤ 要保護児童対策調整機関は、協議会に関する事務を総括するとともに、支援対象児童等に対する支援が適切に実施されるよう、支援対象児童等に対する支援の実施状況を的確に把握し、必要に応じて、児童相談所その他の関係機関等との連絡調整を行うものとする。

　保育所等は、条文に記されている関係機関に含まれます。要保護児童対策調整機関は福祉事務所や保健センター等に設置されている自治体が多いですが、市町村により異なるので確認が必要です。

❸虐待が疑われる家庭の保育所利用に関する条文

　次に、防止法でも触れた、虐待を受けた子どもの保育所等の利用に関する条文を紹介します。

第24条　保育所への入所等

　市町村は、この法律及び子ども・子育て支援法の定めるところにより、保護者の労働又は疾病その他の事由により、その監護すべき乳児、幼児その他の児童について保育を必要とする場合において、次項に定めるところによるほか、当該児童を保育所（略）において保育しなければならない。

④ 市町村は、第25条の8第3号又は第26条第1項第5号の規定による報告又は通知を受けた児童その他の優先的に保育を行う必要があると認められる児童について、その保護者に対し、保育所若しくは幼保連携型認定こども園において保育を受けること又は家庭的保育事業等による保育を受けることの申込みを勧奨し、及び保育を受けることができるよう支援しなければならない。

これにより、保護者に養育上の不適切や困難が認められる場合には、保育所等の利用が勧奨されるようになりました。一方で、保護者が保育所等を継続的に利用するためには動機づけが必要です。継続的な利用の勧奨については第5章で学びます。

第25条の8　福祉事務所長の採るべき措置（保育所利用の勧奨）

　都道府県の設置する福祉事務所の長は、（略：要保護等）送致を受けた児童及び相談に応じた児童、その保護者又は妊産婦について、必要があると認めたときは、次の各号のいずれかの措置を採らなければならない。

三　助産の実施、母子保護の実施又は保育の利用（以下「保育の利用等」という。）が適当であると認める者は、これをそれぞれその保育の利用等に係る都道府県又は市町村の長に報告し、又は通知すること。

第26条　児童相談所長の採るべき措置（保育所利用の勧奨）

　児童相談所長は、（略：要保護児童、要支援児童等の通告もしくは）送致を受けた児童及び相談に応じた児童、その保護者又は妊産婦について、必要があると認めたときは、次の各号のいずれかの措置を採らなければならない。

五　保育の利用等が適当であると認める者は、これをそれぞれその保育の利用等に係る都道府県又は市町村の長に報告し、又は通知すること。

　第24条と同様、要保護児童、要支援児童、特定妊婦が発見（通告）され、養育支援の必要性が認められる場合には、児童相談所は市町村を通じて保育所等の利用が勧奨できるとされています。

　以上のように保育所等は、法律に則り、虐待対応の受け皿として専門的な役割が期待されるようになっています。

（3）民法

　民法では、家族法の中で保護者の権利（親権）を定めています。虐待を「しつけの範囲で許されるはずだ」「言うことを聞かない時には叩いてしつけてもかまわない」と保護者が主張するのは、親権で懲戒する権利が認められて

いるためです。懲戒とはこらしめること、制裁を加えることを指します。

　子どもに対する保護者の懲戒権は、基本的親子関係について定める民法に規定されています。その規定は、民法の一部改正（平成24年4月施行）により、次のようになっています。

第820条　監護及び教育の権利義務

　親権を行う者は、子の利益のために子の監護及び教育をする権利を有し、義務を負う。

第822条　懲戒

　親権を行う者は、第820条の規定による監護及び教育に必要な範囲内でその子を懲戒することができる。

　改正によって、第820条に「子の利益のために」という言葉が挿入されました。第820条を引用する第822条では、懲戒権の行使は、子どもの利益のためにしつけが必要な範囲内に限られることが明示されました。「子の利益のため」であれば、暴力の使用を認める余地を残していると解釈することもできるなど、課題は残るものの、保護者がしつけのために体罰を行うことに制限がかかったことになります。

（4）保育所保育指針

　平成29年告示の保育所保育指針では、第1章総則「1．保育所保育に関する基本原則」と第4章子育て支援「2．保育所を利用している保護者に対する子育て支援」で、子どもの虐待を防止するための保育所の役割が定められています。

第1章　総則　1．保育所保育に関する基本原則

（1）　保育所の役割

　ア　保育所は、児童福祉法（昭和22年法律第164号）第39条の規定に基づき、保育を必要とする子どもの保育を行い、その健全な心身の発達を図ることを目的とする児童福祉施設であり、入所する子どもの最善の利益を考慮し、その福祉を積極的に増進することに最もふさ

わしい生活の場でなければならない。

第4章 子育て支援 2. 保育所を利用している保護者に対する子育て支援

（3） 不適切な養育等が疑われる家庭への支援

　ア　保護者に育児不安等が見られる場合には、保護者の希望に応じて個別の支援を行うよう努めること。

　イ　保護者に不適切な養育等が疑われる場合には、市町村や関係機関と連携し、要保護児童対策地域協議会で検討するなど適切な対応を図ること。また、虐待が疑われる場合には、速やかに市町村又は児童相談所に通告し、適切な対応を図ること。

　保育所は、子どもの最善の利益を考慮し、その福祉を積極的に増進するとは、子どもの発達と成長を促すための安全・安心を確保することです。保育者は、専門職として子どもを虐待から守る役割を果たさなければなりません。

（5） 幼保連携型認定こども園教育・保育要領

　平成29年告示の幼保連携型認定こども園教育・保育要領では、「第4章 子育て支援」の「第2　幼保連携型認定こども園の園児の保護者に対する子育て支援」で「8．保護者の育児不安等への対応」と「9．保護者の不適切な養育等が疑われる場合の対応」が明記されています。

　8　保護者に育児不安等が見られる場合には、保護者の希望に応じて個別の支援を行うよう努めること。

　9　保護者に不適切な養育等が疑われる場合には、市町村や関係機関と連携し、要保護児童対策地域協議会で検討するなど適切な対応を図ること。また、虐待が疑われる場合には、速やかに市町村又は児童相談所に通告し、適切な対応を図ること。

　また、「第3　地域における子育て家庭の保護者等に対する支援」では以下のように明記されています。

> 2 市町村の支援を得て、地域の関係機関等との積極的な連携及び協働を図るとともに、子育ての支援に関する地域の人材の積極的な活用を図るよう努めること。また、地域の要保護児童への対応など、地域の子どもを巡る諸課題に対し、要保護児童対策地域協議会など関係機関等と連携及び協力して取り組むよう努めること。

　幼保連携型認定こども園は保育所と同様に子どもの福祉を積極的に増進し、発達と成長を促すための安全・安心を確保する必要があります。

（6）幼稚園教育要領

　幼稚園教育要領では、虐待や不適切な養育が疑われる場合の対応に関する明記はありません。近接したところでは、「第1章 総則」の「第5 特別な配慮を必要とする幼児への指導」と「第3章 教育課程に係る教育時間の終了後等に行う教育活動などの留意事項」に子育て支援に関して明記されています。

第1章 総則　第5 特別な配慮を必要とする幼児への指導

1 障害のある幼児などへの指導

　障害のある幼児などへの指導に当たっては、集団の中で生活することを通して全体的な発達を促していくことに配慮し、特別支援学校などの助言又は援助を活用しつつ、個々の幼児の障害の状態などに応じた指導内容や指導方法の工夫を組織的かつ計画的に行うものとする。また、家庭、地域及び医療や福祉、保健等の業務を行う関係機関との連携を図り、長期的な視点で幼児への教育的支援を行うために、個別の教育支援計画を作成し活用することに努めるとともに、個々の幼児の実態を的確に把握し、個別の指導計画を作成し活用することに努めるものとする。

　障害のある子どもが必ずしも虐待や不適切な養育を受けるわけではありません。障害があるからこそ愛情豊かな子育てが行われている家庭がほとんど

です。近年多くなっている自閉症スペクトラムや注意欠陥多動性障害の場合は、保護者がその対応に困惑し、その中には不適切な養育に至ってしまう場合もあるかもしれません。その点で、発達に偏りのある子どもとその保護者への保育者の見守りは必要となります。

第3章 教育課程に係る教育時間の終了後等に行う教育活動などの留意事項

2　幼稚園の運営に当たっては、子育ての支援のために保護者や地域の人々に機能や施設を開放して、園内体制の整備や関係機関との連携及び協力に配慮しつつ、幼児期の教育に関する相談に応じたり、情報を提供したり、幼児と保護者との登園を受け入れたり、保護者同士の交流の機会を提供したりするなど、幼稚園と家庭が一体となって幼児と関わる取組を進め、地域における幼児期の教育のセンターとしての役割を果たすよう努めるものとする。その際、心理や保健の専門家、地域の子育て経験者等と連携・協働しながら取り組むよう配慮するものとする。

　幼稚園が地域の教育のセンターとして、幼児期の子どもの育ちを保護者とともに支えることが明記されています。子どもとのかかわりで悩む保護者が増えつつある中で、幼稚園が関係機関と連携し、在園児の家庭や地域の子育て家庭に対して教育的支援を行うことは、虐待の予防や不適切な養育の早期発見のために大切な役割を果たすことが期待されています。

　保護者に不適切な養育が疑われれば、個別的支援や関係機関との連携をしなければなりません。保育者は日常的に保護者と子どもを観察し見守りながら、適切な支援の方法を図ることが定められています。　　　　　　　◆

2 保育所等に求められる役割

　保育所等の施設、保育者は制度によって子ども虐待の防止、早期発見と対応が定められています。ここでは求められる具体的な役割について学びます。

（1）保育所等の第三者評価

　保育所等では現在、第三者評価を受審することが努力義務とされています。その第三者評価の内容評価基準ガイドラインでは、子どもの虐待防止に関する保育所等・職員の役割を次のように定めています。

> A-2-⑵-②　家庭での虐待等権利侵害の疑いのある子どもの早期発見・早期対応及び虐待の予防に努めている。
> □虐待等権利侵害の兆候を見逃さないように、子どもの心身の状態、家庭での養育の状況について把握に努めている。
> □虐待等権利侵害の可能性があると職員が感じた場合は、速やかに保育所内で情報を共有し、対応を協議する体制がある。
> □虐待等権利侵害となる恐れがある場合には、予防的に保護者の精神面、生活面の援助をしている。
> □職員に対して、虐待等権利侵害が疑われる子どもの状態や行動などをはじめ、虐待等権利侵害に関する理解を促すための取組を行っている。
> □児童相談所等の関係機関との連携を図るための取組を行っている。
> □虐待等権利侵害を発見した場合の対応等についてマニュアルを整備している。
> □マニュアルにもとづく職員研修を実施している。

　保育所等の職員は日常的に親子と接し、それぞれの心身の状況や家庭での養育の把握に努め、虐待の疑いを感じた場合には、園内で連携し、保護者の援助を行いながら、子どもの状態を把握し、関係機関と連携すること、また、虐待対応のマニュアルを整備し、マニュアルをもとに研修を実施することが保育所等の評価基準として定められています。

（2）要保護児童対策地域協議会への参加

　要保護児童対策地域協議会（以下、要対協）は、市区町村で設置が義務づけられています。要対協は代表者会議、実務者会議、個別ケース検討会議の３層からなります。

　・代表者会議
　　地域協議会の構成員の代表者による会議であり、実際の担当者で構成される実務者会議が円滑に運営されるための環境整備を目的として、年に１～２回程度開催される。
　・実務者会議（３か月に１回程度）
　　実際に活動する実務者から構成される会議であり、会議における協議事項としては例えば次のようなものが考えられる。
　－定期的な情報交換や、個別ケース検討会議で課題となった点の検討
　－定期的にすべてのケースについて状況を確認し、支援方針の見直しを実施
　・個別ケース検討会議
　　個別の支援対象児童等について、（その子どもに）直接関わりを有している担当者や今後関わりを有する可能性がある関係機関等の担当者により、その子どもに対する具体的な支援の内容等を検討するために適時開催される。

出典：厚生労働省「要保護児童対策地域協議会設置・運営指針」より筆者抜粋

　保育所等は子どもと保護者に日常的に接する施設として、該当するケースについて、要対協の調整機関（事務局）から要請があれば、個別ケース検討会議に参加します。個別ケース検討会議で円滑な検討を行うために、保育所等を管轄する市区町村の主担当者等が実務者会議と代表者会議に出席し、関係機関と情報交換を図ることになります（図表2-1）。

　実務者会議や個別ケース検討会議には保育所等を管轄する市町村の保育課担当の職員が代表として出席します。担当職員は、事前に該当するケースについて保育所等と情報を共有します。深刻なケースや対応に困難を感じるケースについては保育所等から保育者が個別ケース検討会議に出席し、情報提供を行うとともに、対応について助言をもらうようにします。

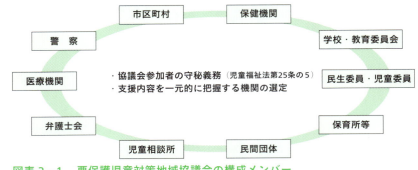

図表 2-1　要保護児童対策地域協議会の構成メンバー

（3）制度等にみる保育所等の役割

　これまでみてきた児童虐待の防止等に関する法律、児童福祉法、保育所保育指針等で、保育所等はどのような専門的役割が求められるのでしょうか。

❶通園児童への虐待の発見

発見と通告

　法律や指針によって、市区町村は虐待について調査、相談、情報提供などを積極的に受け入れることが義務づけられています。虐待を受けている、またはその疑いがある子どもを市区町村が把握するのは、次の場合が想定されます。
- 保育所等から、虐待が疑われる子どもの通報が入る。
- 地域から、福祉事務所（家庭児童相談室。以下、家児室）に「泣き声」「不衛生な子どもの徘徊」の通報が入る。
- 市区町村で実施している乳幼児健診などで、虐待が疑われる子どもとその保護者が確認され、福祉事務所（家児室等）で現状確認する。
- 児童相談所から、虐待が疑われる家庭への訪問調査の依頼を受ける。
- こんにちは赤ちゃん訪問事業等、家庭訪問で育児不安の高い保護者が発見される。
- 保護者本人から相談窓口に、「子どもを育てるのがつらい」と相談が入る。

　発見から通告を経て、市区町村や児童相談所が保育所等への入所が適当と判断した場合、児童福祉法第24条の規定により保育所等の利用を保護者に勧奨し、保護者の申し込みを経て保育所等の利用が始まります。

保育所等での発見（気づき）

　虐待が疑われる子どもに気づいた場合、保育者はその子どもの状態について客観的な証拠や情報を集めます。傷やあざについては写真やスケッチで残すようにします。子どもの不衛生な状態や登園・降園の際の親子の様子なども記録を残すようにします。子ども本人や保護者から、傷やあざの原因、家庭での養育状況について聴き取りを行います。これらの記録は通告の際の情報になると同時に、要対協等での個別ケース検討会議の資料となります。

　保育者は、児童の福祉および教育に携わる専門職です。虐待（の疑い）を発見した場合には、福祉事務所や児童相談所に通告をしなければなりません（義務）。通告をすることで保護者との信頼関係が崩れることを心配したり、子どもが保護者から引き離されることを恐れたり、子どもへの気遣いなどにより通告しないことは、法律に違反することになります。

　違反に対する罰則規定は法律にはありませんが、虐待が疑われた場合は、専門職として保護者と向き合わなければなりません。「関係機関と一緒に家庭を支えたい」「専門家の助言をもらいながらお子さんの成長を支えたい」など、真摯な姿勢を示します。事態が深刻になってから通告し、あとで保護者と対立関係になるよりも、早めに専門機関と連携することを伝えるのが望ましいといえます。

　アセスメントシート（72頁参照）を活用し、保護者と子どもの状態、一定の時期を挟んだ変化を園内で共有します。保育者が観察し聴き取る情報は、要対協に伝える際の資料として有効です。要対協では、個別ケース検討会議で事例検討が行われます。保護者と子どもに日常的に接し、状況をよく知る保育者による情報は貴重な事実（証拠）となり、支援の方向性を考える際の参考となります。

❷虐待を受けている児童の受け入れ

発見から受け入れ──支援方法の具体的な検討

　虐待が疑われる家庭を発見した場合は、要対協の実務者会議で情報を共有し、虐待の種別と重篤度（重度、中度、軽度）を評価します。重度と評価された場合には、個別ケース検討会議で具体的な支援や役割分担について検討が行われます。特に、保護者が誰にも相談できずに育児が「密室化」しないよう、養育や家事への支援、保健師や子育て支援担当の保育者が定期的に訪問し、外部との接点を増やすようにします。

　さらに、保育所等への登園を促し、親子の分離ができる環境をつくります。

虐待が疑われる家庭には「見守る」という抽象的な支援ではなく、具体的な支援方法が検討されなければなりません。在宅での支援については、保護者の同意が必要になります。保護者が同意しない場合には、要対協から児童相談所を通して、保護者の同意が必要ない一時保護になる可能性を伝える場合もありますが、現状は、在宅支援の提案を受け入れる保護者が多いです。

保育所等での支援方法の検討

虐待を疑われる子どもが保育所等に通所する場合には、子どもの保育をどのように行えばよいでしょうか。子どもの年齢や状況に合わせた個別的な配慮の中から保育はスタートします。保育所等が安全で安心な場所と理解できると、子どもはそれまで抑えていた感情や衝動、行動が表面化します。保育者等への甘えや関心を引こうとする言動、他児とのトラブルなどを起こすようになります。問題とされる個別の行動にどのように対応するのか、職員全員で情報を共有し、園全体で子どもを受け止める体制をつくります。

保育所等への通所が決まっても、保護者は「自分がダメだから保育所に預けることになった」といった罪悪感を抱いたり、「毎日決まった時間に登園させるのはしんどい」といった負担感を抱きがちです。ですから、「毎日決まった時間に登園して当たり前」という保育者の考えは横において、保護者の不安や負担を受け止め、保護者自身の話を聴く姿勢をもち、子どもの園生活に関心をもってもらい、子どもの良いところを伝えるといった配慮のある個別的なかかわりを行います。保護者は、担任とは限らず、話をしやすいと思った保育者と話をします。そのため、保育者同士で連携を意識し、子どもと保護者の情報を共有することが必要です。

チェックリストの活用

保育所等で子どもを見ているからといって、安心とは限りません。定期的にチェックリストを見直して、子どもの様子を確認する必要があります。保育所等と家庭で安定した生活が送れているのか、定期的にチェックを行うことで、見守る意識が育まれるでしょう。

（4）保育者の役割

❶子どもと保護者を支える

保育所保育指針の総則には「（保育所は）子どもの最善の利益を考慮し」と

記されています。

　加えて、全国保育士会の保育士倫理綱領には、「子どもの最善の利益」を尊重しながら「子どもの発達保障」ができる環境を用意し、「保護者との協力」を築きながら子どもの育ちと子育てを支えると記されています。

---

1. 私たちは、一人ひとりの子どもの最善の利益を第一に考え、保育を通してその福祉を積極的に増進するよう努めます。（子どもの最善の利益の尊重）
2. 私たちは、養護と教育が一体となった保育を通して、一人ひとりの子どもが心身ともに健康、安全で情緒の安定した生活ができる環境を用意し、生きる喜びと力を育むことを基本として、その健やかな育ちを支えます。（子どもの発達保障）
3. 私たちは、子どもと保護者のおかれた状況や意向を受けとめ、保護者とより良い協力関係を築きながら、子どもの育ちや子育てを支えます。（保護者との協力）

出典：全国保育士会「全国保育士倫理綱領」より筆者抜粋

❷保育者のジレンマ

　子どもの権利を守り、発達を保障するという保育者の意識は、時に保護者との対立感情を招きます。「なぜ、子どもを叩くのか」「なぜ、しっかりと子育てをしないのか」と保護者を批判したり拒否感情を抱くこともあります。しかし、子どもを守ると同時に保護者を支援しなければ虐待は解決しません。保育者は子どもへの思いと保護者への思いという相反する感情に板挟みになります。倫理綱領等に記されている理念（理想）と保育の現実とのギャップにジレンマを抱くことになります。

　保育者も人間ですから、板挟みの感情やジレンマはただちに解消できる問題ではありません。この場合は、子ども担当、保護者担当と役割を分担するのも方法ですが、子ども担当が保護者と話をしなければいけない場面もあります。子ども担当として、保護者にさまざまな感情がわいてくるでしょう。一人で抱え込まずに保育者同士が支え合うことで、気持ちが少し和らぎ、保護者の受け入れが進む場合があります。子どもと保護者の支援を行う場合、保育者は各々が抱く感情や思いを理解し、支え合う関係を大切にしなければなりません。

❸できる役割を大切にする

　最後に、保育所等でできる保育者の役割について確認しておきましょう。

保育者の役割

- 保育所等は子どもにとって安全・安心できる場所であり、すべてが受け入れられ、自分を守ってもらえる場所です。傷ついた子どもの心の安定を図り、健全な成長発達を促す環境をつくります。
- 保育者は毎日子どもと保護者と接しています。ちょっとした親子のサインに気づき、子どもと保護者に起こっていることを想像し、保護者に尋ねるなどして事実確認を行います。気づきの意識を常にもつようにします。
- 保育者は子どもの愛着対象となります。子どもの不安、不快な感情を受け止め、情緒が安定するようにかかわります。温かな声かけやユーモアを交えながら、安定した個別的な関係を目指します。
- 保育者は子どもとの愛着をつくりながら、子どもの年齢に応じた発達を促します。遊びなどを通して子ども集団の中でコミュニケーションをとり、子どもが自分をコントロールできる保育環境をつくります。これが子どもの自己効力感や自己信頼感を高め、他者を信頼する力を養います。
- 保育者は、保育を通した子どもの成長を保護者に伝え、保護者とともに子どもの成長を喜び、気になることは一緒に考える機会をもちます。
- 保育者は、子どもの育ちや子育てを支援する地域の専門機関や社会資源について情報をもち、必要に応じて保護者に情報を提供し、利用することを促します。

保育所等の役割

- 保育者が一人で抱え込まないように、虐待が疑われるケースは日常的に情報交換を行います。定期的に会議を開き、対応の仕方や悩みを出し合い、職員全員で共通認識をもち、保育方法を考える仕組みをつくります。
- 職員間で役割分担を意識します。子ども担当と保護者担当を決めますが、担当職員に任せるのではなく、すべての職員が子どもと保護者にかかわる意識をもちます。
- 児童相談所や福祉事務所など他機関と積極的に情報を交換し、連携を取りながら、保育所等の役割について何をいつまで行うのか等を確認します。
　保育所等で抱え込むのではなく、個々のケースをていねいに検討しながら、保育者は園内で対応できることと園外の専門機関と連携することの2つの軸

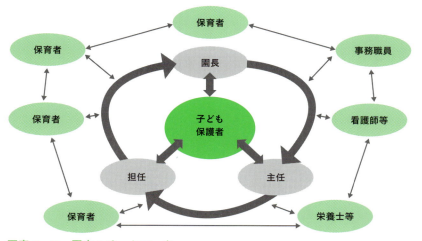

図表 2-2　園内のチームワーク

を意識しましょう。

　また法律、指針、倫理綱領などを通して保育者に求められる専門性を意識するとともに、他の専門職、専門機関の専門性について理解を深めます。園内のチームワーク（図表2-2）、園外のネットワークで子どもと保護者を支える意識をもちましょう。保育者の役割については、第5章で詳しく紹介をしています。

Ⅱ 実践編

　虐待への対応の第一は予防です。日々子どもとかかわる保育者として、子どもや保護者の異変に早期に気づくことが、予防の基本となります。

第 **3** 章

虐待予防
保育者の目を養う

1 虐待のリスクを見抜く

「保育者の目を養う」のは、虐待のサインを早期に発見し、虐待が深刻になる前に子どもと保護者を支援できるようにするためです。決して保護者を監視するのが目的ではありません。虐待のサインを読み取り、適切な支援につなげることを目的とします。

どの保護者も、わが子を虐待しようと思って子どもを産まないでしょう。ではなぜ、虐待をしてしまうようになるでしょう。そこには、虐待に至る理由があるのではないでしょうか?

本章では、虐待に至るさまざまな可能性について考える力を養います。考える力を養うことで、早期発見、早期支援につなげることができるからです。保育所等は、子どもと保護者の様子を毎日確認できるという点で、虐待予防の最前線の児童福祉施設といえます。しかし、ここで取り上げる虐待のリスク評価や虐待が起こる背景は、あくまでもサインをキャッチするためのものです。評価や背景が必ずしもすべて虐待につながるわけではありません。

保護者の話を聴き、日常の少しの変化に気づくことで、早期の支援が可能になります。子どもの様子は、その1つひとつが虐待に直結するというよりも、虐待を疑い、情報の収集に努めるきっかけにするものです。もちろん、けがやあざ、子ども本人からの訴えがある場合は、即座に介入しなければなりません。 ◆

解説

子どもの様子の多くは、自閉スペクトラム症/自閉症スペクトラム障害（Autisum Spectrum Disorder：ASD）と類似しています。虐待や不適切な養育を背景とする愛着障害（Reactive Attachment Disorder：RAD）との鑑別診断は難しいですが、ASDとの違いは養育環境や養育態度、保護者の入れ替わり（離婚等）によって判断します。

2 虐待のリスクを評価する

（1）一般的なリスク評価

　虐待のリスクをどのように評価すればよいのでしょうか。最近は、厚生労

評価　3：強くあてはまる　2：あてはまる　1：ややあてはまる　0：あてはまらない

子どもの様子（安全の確認）	評　価
不自然に子どもが保護者に密着している	
子どもが保護者を怖がっている	
子どもの緊張が高い	
体重・身長が著しく年齢相応でない	
年齢不相応な性的な興味関心・言動がある	
年齢不相応な行儀の良さなど過度のしつけの影響が見られる	
子どもに無表情・凍りついた凝視が見られる	
子どもと保護者の視線がほとんど合わない	
子どもの言動が乱暴	
総合的な医学的診断による所見	

保護者の様子	評　価
子どもが受けた外傷や状況と保護者の説明につじつまが合わない	
調査に対して著しく拒否的である	
保護者が「死にたい」「殺したい」「心中したい」などと言う	
保護者が子どもの養育に関して拒否的	
保護者が子どもの養育に関して無関心	
泣いてもあやさない	
絶え間なく子どもを叱る・罵る	
保護者が虐待を認めない	
保護者が環境を改善するつもりがない	
保護者がアルコール・薬物依存症である	
保護者が精神的な問題で診断・治療を受けている	
保護者が医療的な援助に拒否的	
保護者が医療的な援助に無関心	
保護者に働く意思がない	

生活環境	評　価
家庭内が著しく乱れている	
家庭内が著しく不衛生である	
不自然な転居歴がある	
家族・子どもの所在が分からなくなる	
過去に虐待歴がある	
家庭内の著しい不和・対立がある	
経済状況が著しく不安定	
子どもの状況をモニタリングする社会資源の可能性	

図表3−1　子ども虐待評価チェックリスト

資料：厚生労働省「虐待通告のあった児童の安全確認の手引き」2010年

働省が作成するチェックリストを基本にして自治体ではさまざまなチェックリストが作成されています。その多くは、児童相談所や市町村の要対協（家庭児童相談室、保健センター主担当等）で活用されることを前提に作成されています。子どもにかかわる支援者は、不適切な養育や虐待が疑われていることを前提としてケースを評価する場合や、相談機関で受理したケースの虐待リスクを評価する際にチェックリストを活用します。

　図表3-1は、厚生労働省が公表している「子ども虐待評価チェックリスト」です。子どもの様子と保護者の様子、生活環境と、大きく3つの柱をもとにチェック項目が作成されています。チェック項目は、そのまま保育所等で使うことも可能ですが、「子どもが保護者を怖がっている」「子どもの言動が乱暴」などの項目は、保育者によって解釈が異なるところもあります。あるいは、保護者の様子では「子どもが受けた外傷や状況と保護者の説明につじつまが合わない」「絶え間なく子どもを叱る・罵る」なども保育者によって解釈が異なる場合は、リスク評価を慎重に行います。

（2）保育所等による適切なリスクの評価

　保育所等の現場では、日々子どもと保護者と接しているために、日常的な接点の中で虐待リスクを見極める必要があります。そこで本書ではまず、虐待がなぜ起こるのか。その背景や要因を、保育所等を利用する保護者の立場から、保護者自身の要因、子どもの要因、社会的要因の3つの視点から考えます。その後、子どもの様子、子どもと周囲との関係、保護者の様子の3つの柱でリスク評価について理解を深めます。その後ちゃいるどネット大阪が作成・公表しているアセスメントシート（72頁参照）を参考にしながら、保育者が虐待リスクを見る視点を養います。　　　　　　　　　　　　　◆

3 虐待が起こる要因を探る

なぜ虐待が起こるのか

　なぜ、保護者は虐待をしてしまうのでしょうか。はじめから虐待をしようと思っている保護者は皆無といえます。子どもを産み、保護者として責任を感じながら子育てに力を注ごうとしていたはずです。その営みが崩れてしまう要因として、どういったものが考えられるのでしょうか。

　子どもの命と生活を守り、健全な発達を促す専門職としての保育者の立場からは、子どもに不適切な養育をする、虐待をする保護者は理解しがたいかもしれません。しかし、理解できないと批判ばかりしていては、保護者と保育者の関係は行き詰まり、結果的に子どもに不利益が及びかねません。子どもを守るためには、保護者がなぜ虐待という行為に陥ってしまったのか、その背景を知るとともに、保護者の立場を理解することが必要です。

　保育所等で虐待に対応するということは、保育を通して保護者と子どもの生活を支援することでもあります。

（1）保護者自身の要因

　人間は子どもが産まれてから親になります。親になる前は、子どもを育てる立場にはなく、育てられる立場でした。出産は、育てられる立場から育てる立場になるという大転換が起こるのです。

❶妊娠期

　多くの人は妊娠を喜び、希望を感じます。しかし予定外の妊娠の場合、(未婚の場合等は)入籍するかどうか、仕事はどうするのか、生活できるのか、自分の将来設計をどうするのかと、解決しなければならない多くの問題に直面します。この時にパートナーや自身の親から妊娠を祝福され、支援を受けることができれば、妊娠期は比較的穏やかに過ごすことができます。

　一方、祝福や支援がない場合には、妊娠期が進むにつれて不安が増大します。出産に向けて不安が大きくなることは、胎児や母体にも望ましいことではありません。出産後の生活を含めてリスクを抱えることになります。

❷育てられ方の影響（世代間連鎖）

　母親は子どもを出産すると、自分の子ども時代を思い出すといわれています。母親によっては自分がつらい子ども時代を過ごした、親に温かく支えられたなど、さまざまな記憶が蘇ります。子ども時代に優しくされた経験、特に病気やけがをした時などのことを思い出すことがあります。こういった体験は、保護者が自分の子育てをする時に少なからず影響を与えると考えられています。

❸産後（産褥期）

　出産から1〜3か月の間は、母体の健康を回復しなければなりません。しかし現代社会では、地縁・血縁といった私的なつながりが弱くなりました。ある母親は、「出産前に楽しみにしていた子育てがこんなにも大変なことだと、子どもが産まれて初めて知りました。自分は育児ノイローゼとは無縁だと思っていたのに（ノイローゼになりそう）」と話します。この時期にサポートを得られるかどうか、育児に前向きになれるかどうかが大切です。

❹支援につながる（援助希求）

　全国では、こんにちは赤ちゃん訪問事業のように、おおむね生後4か月までの全戸訪問事業が浸透しています。しかし訪問は、原則1回だけです。保健師や助産師、地域住民とのつながりは、保護者自らが求めていかなくてはなりません。保護者に「つながりを求める力」が弱いと、孤立が進みます。

　子育ては孤独な作業だといわれます。誰とも会わず、話もせずに過ごす日があります。子育ての支援につながるとは、「お母さん、よくがんばってきたね」と労いを受けることでもあります。子育てが孤立すると不安になり、子どもの様子によっては育て方が悪いからではないかと自責の念にかられます。困難な時に支えられた体験が孤立を防ぐとも考えられます。

　人とつながりたい時や困った時に他人に頼ろうとするのは、保護者が自分の親との間で愛着関係が育っているかどうかとも関係します。

❺生活のストレス

　子どもを育てることに加えて、さまざまな生活の課題を抱えるのが、子育て期の家族の特徴です。子育て期は育児にかかる経費や、共働きがいったんストップして収入が減少するなどにより、経済的には赤字状態になると考えられています。祖父母による経済的な支援に頼っている家庭が多くあります。

　仕事をどうするのか、保育所等をどうするのか。子育て期はこれまでの人

間関係が制限を受けます。そのため、こういったさまざまな生活のストレスを克服するための身体的・精神的な資源が必要です。資源とは保護者と子どもの健康度、家族の絆、人間関係のネットワーク、情報ネットワークです。資源に不足があると、育児ストレスは家庭内のストレスを一挙に大きくすると考えられています。

❻疾患

出産後のうつ状態が代表的です。家族や友人・知人のつながり、専門職とのつながり（ネットワーク）が弱いと、ストレスが次のストレスをつくる悪循環を招き、精神的に不安定になります。産後うつの診断を活用して支援につなげるケースが増えています。

❼生活困窮

子育て期の経済的問題は深刻です。養育費や医療費がかさみ、家計を圧迫します。経済的問題は家庭内の不安を大きくさせる要因です。現代は核家族から小家族へと移行し、ひとり親家庭も増加しています。大家族に比べると、小家族は互いに助け合う力が弱く、一挙に負担を強いられることになります。

食費、光熱費、遊興（交際）費を削ると、身体的にも精神的にも健康を害することになります。出産後のストレスと相まって、生活困窮は家族の体力と精神力を弱めることになります。

❽トラウマ体験

保護者が子ども時代に虐待を受けていなくても、事故や災害（地震や火災など）、いじめ、リストラ、DVなどさまざまな心的外傷を体験し、それが語られないまま抑圧されている場合は、子育てに影響を及ぼすことがあると考えられます。

誰かに話す機会がなかったということは、つらい体験を支えてもらう経験がなかったということです。外傷体験を抑圧すると、何らかの機会にその体験が鮮明に思い出されると考えられています。

保護者は子どもをもった時に、子どもを幸せにしよう、自分が子どもを守ろうという思いを強めますが、同時に、自分の幸せやつらい時に支えられた体験を思い出すことになります。つまり、つらい体験をどう乗り越えたのか、その体験が記憶の中で蘇るのです。

抑圧されたままのつらい体験が鮮明に思い出されると、目の前に赤ちゃんがいるにもかかわらず涙が出たり、赤ちゃんの顔を見ることができずに放置

解説

産後うつの診断…エジンバラ産後うつ質問票を用いるのが一般的です。
質問票は、1. 笑うことができたし物事の面白い面もわかった、2. 物事を楽しみにして待った、3. 物事がうまくいかなかった時、自分を不必要に責めた、4. はっきりと理由もないのに不安になったり心配したりした、5. はっきりとした理由もないのに恐怖に襲われた、6. することがたくさんあって大変だった、7. 不幸せな気分なので眠りにくかった、8. 悲しくなったり惨めになったりした、9. 不幸せな気分だったので泣いていた、10. 自分自身を傷つけるという考えが浮かんできた、の10項目について、最近7日間に感じたかを4尺度で答える形式になっています。

したり、赤ちゃんに恐怖の眼差しを向ける等の行為に及ぶと考えられています。赤ちゃんの泣く声がさらに自身のつらい体験を想起させ、イライラがつのり、虐待行為に及ぶことがあるのです。

（2）子どもの要因

　保護者が虐待に至る際の子ども側の要因は、明確には存在しないと考えられています。しかし、保護者が子どもを育てにくいと感じると、自分の言うことを聞かせようとしてしつけが厳しくなりがちです。そこでここでは、育てにくさを感じる子どもについて考えてみます。

❶自閉スペクトラム症候群（Autistic Spectrum Disorder：ASD）

　ASDの子どもは、他者との情緒的な交流が難しいといわれます。なぜ楽しんでいるのか、嫌がっているのかなど、大人が理解しにくい場面が多くあります。子どもとの情緒的な交流が少ないと、保護者は子どもが自分を慕ってくれているのか不安になります。にっこりと笑いかけても笑わない。保護者が楽しいと思わないところで笑っている姿を見ていると、保護者としての自信や育児への気持ちが揺らぎます。この時に信頼できる相談相手がいたり、子どもの発達特性を理解し適切な助言を得る機会があれば、子どもと向き合いながら子育てを進めることができるでしょう。

　しかし、子どもの発達特性の理解が進まず、自分が思うような子どもにしつけようとすれば、親子はマイナスの情緒的交流を繰り返し、虐待的な行為が発生し得るのです。

❷反応性愛着障害・愛着障害（Reactive Attachment Disorder：RAD）

　愛着とは、イギリスの精神科医ジョン・ボウルビィ（Bowlby, J.）が提唱した概念です。生まれたばかりの子どもは、一人では生きていけません。空腹や排せつ、眠気など、不快を感じれば身近な養育者の助けを必要とします。養育者が子どもの泣き声に反応し、不快さを感じ、取り去ることで、子どもは快適さを取り戻します。こうした養育者とのやりとりで、安心感や信頼感を育てます。

　このやりとりは、子どもが自分で歩行ができるようになる1〜2歳の時期が特に重要と考えられています。ボウルビィは、不快を感じた時には大人が助けてくれる、大人は頼っても大丈夫、自分には頼る力があるといった信頼をこの時期に獲得すると考えました。

しかし、生まれてからの２年間に、泣いてもケアをされる（安心や信頼を獲得する）機会に恵まれなければ、子どもはさまざまな対処方法を身につけるといわれています。例えば、子どもにとって泣くことはエネルギーを消耗するので、不安を感じていても泣かない、大人を求めず我慢するといった対処方法を身につけます。また、執拗に泣き続けて養育者の関心を引こうとしたり、わざと養育者を困らせることをして関心を引こうとするのです。

こういった行為は、保護者にとって「かわいくない」「保護者を困らせる」という認識を植えつけてしまうおそれがあります。保護者が孤立したまま子どもへの認識を固定させると、保護者と子どもの間で望ましくない関係が繰り返されるのです。

ですから愛着障害は、子どもの要因というよりも、乳児期の保護者と子どもの関係性から生まれると考えるのが適当でしょう。

（3） 社会的要因

❶孤立を生む社会

現代は人々の生活スタイルが多様化し、地域や隣近所とのつながりは地域によって格差が大きくなりました。さまざまな地域から人々が流入する都市部では、地縁や血縁が薄く、プライバシーを保護する意識が高く、表札を掲げない等、隣近所の交流は少なくなりました。特に子育て世帯は、仕事の都合と子どもの成長に合わせた転居で「移動型」「通過型」傾向が強く、１か所で長く生活をすることが少なくなりました。

近隣の同年代の子どもがいる家庭同士のつながりも少なく、「ママ友をどうやってつくればよいのか」「支援センターに行ってもグループができていて入りにくい」と感じる保護者も多く、保護者同士の関係も必要以上に緊張感が高まってきているようです。

❷小さな家族の増加

一世帯あたりの家族の数（世帯構成員）が減少しています。単身家庭や二人暮らしが増えているのが背景にありますが、ひとり親家庭の増加も顕著です。離婚と未婚の増加も要因の１つです。母子家庭は経済的に困窮している割合（貧困率）も高く、就労、経済、家事・育児等、生活をしていくうえでさまざまな困難を抱えています。

両親と子どもの世帯でも、父親の育児参加は難しく、母親一人で子育てをしている家庭が多いです。

❸３歳児神話

「３歳までは母親が子どものそばに居るべきだ」という旧来の価値観で、子どもの発達上有効であるという科学的な根拠はありません。元来日本は、国家として「家族依存」の体制が強いといわれています。「介護や育児は家庭で行うべき＝女性が行うべき」といった考えが強く、家族への社会保障は世界的に見ても十分とはいえません。女性は仕事よりも子育てを優先すべきではないかと考えている人々が多いのも事実です。

虐待のリスクが高い家庭では、子育ては母親の仕事と旧来の価値観（家父長制、性別分業、男尊女卑等の意識）をもち、孤立した育児の結果として虐待が発生するとも考えられています。こういった社会の意識は、保育現場にも浸透し、「母親なのに…」「母親は本来…」という意識で保護者を見る傾向が少なからずあります。保護者を見る保育者の視線が、保護者を支援しようとする方向に向いているか、保育者は常に自問する必要があります。

❹豊かな社会の矛盾

現代は法律や制度に守られる社会になり、その分私たちは、制度や法律に頼るようになりました。例えば、近所で子どもの泣き声が聞こえれば通報をするようになりました。実際、福祉事務所や児童相談所への泣き声に関する通報は年々増えています。虐待の予防として子どもが守られるという点では望ましいことですが、子どもの泣き声が聞こえれば、「大丈夫ですか」「お手伝いできますよ」と近隣で助け合うという意識が弱くなっていると考えられます。地域で助け合う相互扶助の精神が少ない都市社会では、虐待件数が増加傾向にあります。

❺規範社会

規範とはルールや見本のことです。近年は子育て支援施策が充実し、子ども・子育ての専門職が増えています。気軽に相談できる専門職が増えることは、子育て家庭にとってありがたいことですが、一方では多くの専門家に子育てを監視されているように感じる保護者も少なくありません。

例えば、１歳半健診の前に、子どもに検査の練習をさせる保護者が増えています（動画サイトに検査内容が紹介されています）。これは、検査で子どもが苦労しないためにという親心が働いていると同時に、自分の子育てにマイナスの評価を受けたくないという保護者の心理が働いているとも考えられます。

自分の子育てがうまくいっていないと感じている保護者は、自らの中にある規範（子どもをしっかりと育てなければならない、人に頼るべきではない等の意識）

から逃走するために、子育てを放棄すると考えられています。数年前、幼い子ども2人をワンルームマンションに閉じ込めて自分は遊びまわり、子どもを死なせてしまうという悲しい事件がありました。母親は自分の子育てや人生が、世間や自分の期待するとおりにできていない（うまくできていない）ことを承知していて、自分が自分を責める苦しみから逃れるために子どもを放置したといわれています。

　周りに専門職が多く、監視されていると感じる保護者や、自分は世間が求める（規範）ように子育てができていないと感じている保護者は、専門職だけでなく、それまでのつながりからも逃走するのです。現代社会には、行き詰まった保護者の逃走させてしまう装置（身を隠せてしまう、周囲の無関心など）が内包されているともいえます。

　虐待が発生するリスクはこれだけではありません。一般的に考えられる要因と個別的な要因があります。個別的な要因は、その保護者や家庭固有の理由でていねいなかかわりがなければ理解が難しい場合があります。保育者は、保護者に対して決してステレオタイプな意識をもつのではなく、さまざまな要因が複合的に絡み合って虐待は起きているという意識をもつことが大切です。　　　　　　　　　　　　　　　　　　　　　　　　◆

4 虐待のサインに気づく

　保育者は日々の保育を通して親子と接しています。その中で「おや? 子どもの様子がいつもと違うな」「この傷はどうしたのかな」「最近、お母さんの様子が少し変わったな」と気づくことがあります。この気づきを自覚して、職員間で共有し、虐待リスクを早期に発見するための目を養うことが求められています。

　ここでは、実際の保育場面で起こる状態をイメージしながら気づきの意識を高めます。

（1）子どもの様子から気づく

❶生活面

　保育所等は子どもの生活の場です。生活全般の子どもの様子から、虐待や不適切な養育のサインに気づくようにします。子どもの表すサインからは、虐待の4類型が複合的に疑われることが多いですが、ここでは、特徴的な背景として考えられる虐待のサインについて解説します。いずれの場合も、けがやあざがあれば、身体的虐待を含め、虐待の可能性を考えます。

服装や身体が不衛生

`身体的虐待` `性的虐待` `ネグレクト` `心理的虐待`

　何日も同じ服を着て登園する、風呂に入っていなかったりシャワーを浴びていないなど、身体の清潔が保たれていない場合です。保護者は、「子どもが同じ服が好きだから」などという理由をつけることがあります。これらは、保護者が子どもに適切にかかわれていない証であり、保護者の責任を放棄していることになります。着替えや洗濯、掃除といった、家庭内の衛生を保つ生活習慣や生活リズムも安定していないことが考えられます。

不自然なけがやあざ

`身体的虐待` `性的虐待` `ネグレクト` `心理的虐待`

　子どもの発達にけがはつきものですが、首から上の不自然なけがやあざには注意が必要です。他のところにはないか、着替えを利用して可能な範囲で

調べます。打撲のあざは、日数とともに「赤色→青色→黄色→肌色」と色が変化します。赤色や青色のあざを発見した場合には、黄色のあざがないか確認をします。

　保護者は「転んだ、きょうだいでけんかをした」「いすから落ちた」「見ていない間に家具で打撲していた」等、けがやあざについて不自然な説明をすることがあります。園外でのけがやあざの原因の信憑性は不明なことが多くなりますが、子どもからも聴き取り、事実確認をします。

けがやあざが繰り返される

身体的虐待　性的虐待　ネグレクト　心理的虐待

　たとえ保護者が叩いたり蹴ったりしていないとしても、けがが繰り返されるのは、子どもの安全管理ができていないということです。そのため、監護責任の不注意によるネグレクトとして対応します。

過食

身体的虐待　性的虐待　ネグレクト　心理的虐待

　家庭で十分に食事が与えられていなかったり、食事の場面で緊張し安心して食べることができない、家庭内の緊張からくるストレスで過食傾向にある、愛情をかけてもらえないさびしさから（空腹ではないけれども）絶えず食べていないと気が済まないなど、子どもの食事の様子から生活環境を想像することができます。昼食時間に合わせるように登園する子どもがいたら、不規則な生活リズムに加えて、家庭での食事が十分に与えられていない状況が予測できます。

午睡で緊張・極度の甘えが出る

身体的虐待　性的虐待　ネグレクト　心理的虐待

　睡眠は、心が休まっていなければできません。夜間の就寝時間など、生活リズムが安定しなければ午睡もとりにくくなることがあります。また、安心できる環境で落ち着いた心理状態でなければ眠ることはできないでしょう。

　保育者がそばにいないと眠れなかったり、極端に身体接触を求めてくる場合は、愛着の不安定さが考えられ、DVを含む心理的虐待が疑われます。性的な虐待や不適切な養育を受けている場合には、就寝時に不安や興奮が高ま

り、寝つきにくくなることもあります。

　保育者は、気になる子どもが眠ることに注意を向けすぎず、子どもが安心できる環境を提供しながら、家庭の様子などを聴いてみたり、その状況を他の保育者と共有することを心がけます。

攻撃（自傷・他害）的

身体的虐待　性的虐待　ネグレクト　心理的虐待

　積み木など硬いモノで他人の頭を叩く、壁や床、家具などに頭を打ち付ける、抜毛症などの自傷行為、理由なく他人を叩く、蹴るといった危険な行為は、子どもの抑圧された悔しさや怒りの現れと考えられます。自分を傷つけることで、その痛みを通して自分を確認したり、わざと他者の嫌がることをすることで優越感に浸り、自分に注目や関心が向けられることで安心しようとする心理状態が考えられます。

危険を伴う行動

身体的虐待　性的虐待　ネグレクト　心理的虐待

　高い場所から飛び降りる、当たるとけがをしそうなものを平気で投げる、自他ともにけがをするような無茶な行動をすることがあります。このような行為の背景には、家庭で強いストレスに晒（さら）されていて、保育所等でそのストレスを発散させている、我慢しているさびしさを怒りの行動として表現している、保育者に注意されてでも関心を向けてもらいたい欲求があるなど、つらい体験が背景にあると考えられます。

　保護者が保育所等や保育者を蔑（さげす）んでいる場合（家庭内で保育者を蔑む会話をしている等）は、そういった家庭内の会話に子どもが晒されることで、保護者と保育者との間に挟まれる不安から、保育者を試すような行動に出るとも考えられます。

攻撃的・自責感のある言葉づかい

身体的虐待　性的虐待　ネグレクト　心理的虐待

　「バカ、殺すぞ、死ね」といった攻撃的な言葉を発する場合は、日常的にそうした言葉に晒されていると考えます。保護者が子どもに直接言い放っているだけでなく、夫婦間のDVやけんかを目撃することで記憶されている場

合もあります。そうした環境におかれることで子どもの神経が高ぶり、暴力的な場面が鮮明に記憶されたと考えられます。テレビなどの影響を受けている場合もありますが、長時間そうした状況に晒されているのはネグレクトのサインとも考えられます。

　一方で、「どうせ僕（私）なんか、家にいたくない、死んだほうがまし」と、寂寥感と自責感を伴う言葉を発する場合があります。この場合は、保護者から常に怒られ続けている、無視されて放置されることが多いといった身体的虐待や心理的虐待とともに、ネグレクトが疑われます。

うつろな表情

身体的虐待　性的虐待　**ネグレクト**　心理的虐待

　感情表現が乏しく、笑顔が見られない。保育者や他児に対して常に距離をおき、様子をうかがいかかわろうとしない。遊びに誘っても乗ってこないといった警戒心やかかわりの弱さがあります。日常的にけんかや生活のストレス（DVや親子げんか）による大人の怒りや不安に情緒的に巻き込まれ、自分の感情が出せない状態が続いていると考えられます。

　怯えたような泣き方をしたり、思いどおりにならないと長時間泣きわめくこともあります。不安を感じた時に、大人とのやりとりの中で情緒的に安定する体験が少ないために、感情のコントロールができにくくなっています。

　保育者は子どもの対応に戸惑ったり感情を揺さぶられることがありますが、子どもと適切な距離を保ちながら、愛着関係の取り戻しをていねいに行います。

虫歯の放置

身体的虐待　性的虐待　**ネグレクト**　心理的虐待

　歯磨きの習慣がないだけでなく、子どもの成長や発達、疾患に対する保護者の意識の低さがうかがえます。子どもが体調の悪さを訴えても放置していたり、発熱しても医療機関を受診しないなどが考えられます。

　歯が生え始める時期には個人差がありますが、おおむね1歳から歯磨きは習慣づけられます。歯磨きは保護者の生活リズムとも関係しているので、子どもに虫歯が多いのは、食事や睡眠といった生活リズムそのものが不規則になっているとも考えられます。保護者によっては「子どもが歯磨きを嫌がる、子どもがしっかり磨かない」など、子どもを理由にすることもありますが、

子どものケアが適切になされていないと考える必要があります。

　子どもを医療機関に受診させないなどの不適切な行為の理由として、「時間がない」「お金がない」「近くに病院がない」「医師を信じていない」「子どもが嫌がる」など、さまざまな理由をあげる保護者がいます。背景には、医療保険未加入など経済的な状況も考えられますが、繰り返される場合には子どもの立場からネグレクトと判断する必要があります。

警戒心が強く、室内の特定の場所を嫌がる

`身体的虐待` `性的虐待` `ネグレクト` `心理的虐待`

　懲罰として長時間子ども部屋やトイレ、浴室などに閉じ込められるといった虐待を受けている場合などに現われることがあります。食事などの特定の場面で、汚れなど些細なことを気にする場合などは、過度なしつけの影響が考えられます。

パニックや怒りが表出する

`身体的虐待` `性的虐待` `ネグレクト` `心理的虐待`

　音や場面に驚愕します。静かな状況でも「うるさい」と、癇癪を起こします。救急車やパトカーなどのサイレンに身体を硬直させます。これらはDVや暴力的な環境に晒されている可能性があります。

　こうした子どもの反応には保育者も驚き、戸惑うことが多いですが、「大丈夫だよ」など、安心と安全を保障する言葉かけをしながら、子どもが落ち着くのを待ちます。落ち着いてから、子どもが話せそうであれば、何があったのかを問いかけることで、保護者や家庭環境の変化などを確認します。

（2）人間関係から気づく

❶遊び

　子どもは遊びを通してさまざまな感情や思いを表現します。虐待や不適切な環境にいる子どもはイライラや怒り、さみしさや悲しさを表現することがあります。遊びの対象は友だちや保育者、道具（人形など）、そして絵画や創作物になります。保育者は子どもが示すさまざまな表現からサインを読み取ります。

一人遊びが多い

身体的虐待 性的虐待 **ネグレクト** 心理的虐待

　保育所等に慣れるにしたがって、子どもは人やモノといった環境に関心をもち、働きかけていく姿を見せ始めます。虐待を受けている子どもは人やモノにかかわる力が弱いため、一人でポツンとしていることが多くなります。これは、初期の段階で養育者からのかかわりが乏しい場合に見られる愛着不全の状態ともいえます。背景には保護者自身がストレスや何らかの課題を抱えていて、子どもが発するさまざまな欲求を感受する力や応答する力が弱いと考えられます。また、子ども自身の欲求を発する力が弱い、もしくは緊張した環境におかれて抑制されている場合も想定されます。

被虐待体験の再現

身体的虐待 性的虐待 ネグレクト **心理的虐待**

　人形を使って"懲らしめる"遊びを執拗に繰り返します。保護者の暴言をそっくりまねることが多くあるでしょう。その際、言葉だけでなく何かを傷つける行為が見られる時は、子どもに危害が加えられていると判断します。

　自分が人形に対して加害者役になることが多いのは、自分が受けているストレスのはけ口にするためです。反対に被害者役になり、保護者に怒られ続ける役をする場合もあります。ごっこ遊びと異なるのは、救世主が現れないことです。自分が不安になった時に守られる、守ってもらうという体験がない＝安心・安全感が育っていないため、救世主は現れません。これらの行為はごっこ遊びの中で見られますが、虐待行為の再現は、周囲の目を気にせず一人の世界に入り執拗にすることが特徴です。

　家庭で保護者がDVの被害を受けている場合、子どもはパトカーや救急車のサイレンを再現することがあります。実際に自宅に緊急車両が来た家庭などは、サイレンの音が被害を受けている保護者を守る救世主の象徴（その時には助けられなかった代償的行為として）になる場合もあります。

　性的虐待の場合は、お化けや虫、怪獣などに静かにおそわれる場面を再現する場合があります。これを「性化行動」といいます。プライベートゾーンを露出したり、他人のプライベートゾーンに興味をもつ場合も、性的被害を疑います。

過度な破壊や攻撃的行動

`身体的虐待` `性的虐待` `ネグレクト` `心理的虐待`

　子ども同士の遊びや悪ふざけがエスカレートして、制限が効かずに周囲が困惑する状態になります。勢いで（悪意や敵意がなく）他児を傷つけることもあります。遊びや悪ふざけで興奮状態となり、記憶が覚醒し、保護者がやっていた（保護者にされた）行為を行います。

❷保育者との関係

　子どもにとって保育者は安心できる対象です。安心できる対象であるからこそ、態度や行為で甘えを見せたり、試し行動を見せます。

　一般的に見られる態度や行為と変わりがないように感じられる場合でも生活面や遊びの様子と重ねながら、子どもが家庭でおかれている状況を考えるようにします。

抱かれることを拒む

`身体的虐待` `性的虐待` `ネグレクト` `心理的虐待`

　乳児期から、抱っこをされる習慣が乏しいと想像されます。ASDの子どもの中にも肌接触（スキンシップ）を極端に拒否する場合がありますが、スキンシップは受け入れるものの、自分の身体を大人に預けることができないことがあります。子どもが疲れた時に大人に身を預ける機会が少ないなど、保護者とのかかわりの薄さを想定します。

保育者を独占する

`身体的虐待` `性的虐待` `ネグレクト` `心理的虐待`

　保育者が自分から離れることを極端に嫌がります。他児を押しのけるように、自分一人だけにかまってほしいという態度を見せます。日常的に保護者から関心を示してもらえないことが考えられますが、保育者が不快感を抱くようなベタベタとしたかかわりや大人びた接触を示す場合には、背景に性的虐待を疑います。

試し行動

`身体的虐待` `性的虐待` `ネグレクト` `心理的虐待`

　試し行動の多くは、相手が嫌がることを指します。大人が自分のことをどこまで許すのか、受け入れるのかを試します。子どもは大人との関係で警戒して、静かにしています。保育者が自分との関係ができ始めたと感じる頃から、試し行動が始まります。

　虐待的な関係でいつも怒られている子どもの場合、相手の嫌がることをしているのに相手が怒らないと家で怒られるパターンと異なるために不安になり、相手が怒るまで繰り返します。大人が我慢できなくなり怒ると、子どもは大人を蔑みながらも、日常のパターンが繰り返されたことに納得し嫌がることをしなくなります。子どもが仕掛けるパターンに保育者がはまると、保育者はイライラしたり、かかわりたくない気持ちに陥ります。子どもは保護者との間で日常的に否定的なやりとりを繰り返しているので、同じような関係を保育者との間でも起こそうとしてしまうのです。結果として、保育者は子どもとの間で「悪いダンス（悪循環）」を踊ることになります。

赤ちゃん返り

`身体的虐待` `性的虐待` `ネグレクト` `心理的虐待`

　これは、これまでできていたことができなくなる状態で「退行」ともいいます。排せつを失敗したり着替えができない、手で食べる、ルールが守れなくなる等、保育者が「これまでできていたのに」「できるはずなのに」と感じる場面です。

　子どもに急激な心理的・身体的なストレスが起こった場合、退行することで大人の関心を引いて欲求を充足させようとします。きょうだいが生まれた場合も赤ちゃん返りは起こります。赤ちゃんを見て、同じようにしてもらいたいという甘えと、母親を赤ちゃんにとられそうだという不安から母親の関心を引こうとしていると考えられます。

修正を嫌がる

`身体的虐待` `性的虐待` `ネグレクト` `心理的虐待`

　自分の思いどおりにならなかったり、自分のしていることに修正が入ると、多くの子どもは嫌がります。虐待環境に晒されている子どもは、大人とのか

かわりの中で衝動を落ち着かせる体験が不足しているため、嫌だと感じることを激しく表出します。激しく表出することで、大人の関心を引き付けようとするのです。また、自分の思いどおりにさせてくれない大人を、自分の思いどおりに（あきらめ等）させて安心しようとしているとも考えられます。

謝ることに時間がかかる

身体的虐待　性的虐待　ネグレクト　心理的虐待

　友だちとけんかをしたりモノを壊す、保育を妨げるような大声を出す、衝動的な行動で保育者から注意をされても謝ることができない、もしくは時間がかかるなどです。これらの理由はいくつか考えられます。１つ目は、とっさに腹が立つ、嫌な思いをする、逆に興奮するといった衝動性が高まり、それを保育者とのかかわりの中で落ち着かせて、収める力が弱い場合です。人に自分の気持ちや身体を預けて安心する体験が乏しいために起こります。

　２つ目は、悪いことをすることで、他人より優位に立とうとする場合です。家庭で保護者に押さえつけられていると、人との関係を対等につくることが難しくなります。押さえつけられるか相手を押さえつけるかという関係しかつくれなくなります。謝ることは押さえつけられた感覚を再現することになるので、子どもは抵抗を示します。

　３つ目は、相手の立場に立つことの難しさです。自分が受け入れられて安心した経験が獲得されていないと、人の気持ちを想像することができません。迷惑をかけた相手よりも自分のことをわかってほしいと、保育者に「だって…」の気持ちを繰り返します。

❸子ども同士の関係

　保育中には、一緒に遊ぶ、相談する、けんかをする、仲間に入れず一人でいる、助け合うなどさまざまな子どもの関係が起こります。日常の関係の中に攻撃性や衝動性が現れていないか、また友だちとかかわろうとせずにおとなしくしていないか、生活面や保育者との関係と重ね合わせて考えるようにします。

友だちをよく叩く

身体的虐待　性的虐待　ネグレクト　心理的虐待

　日常的に叩かれている場合、叩くことや叩かれることに抵抗を感じない可

能性があります。他人の関心を引くために行うことがありますが、虐待が背景にあると、自分よりも弱い相手には執拗に繰り返します。

相手に怒りや不快感を抱かせる

身体的虐待　性的虐待　ネグレクト　心理的虐待

相手の嫌がることをして関心を引こうとしたり、相手より優位に立って支配的な関係をつくろうとします。友だちから相手にされなくなると、注目や関心を引く行為が激しくなります。

他児との接触を嫌がり、大人にまとわりつく

身体的虐待　性的虐待　ネグレクト　心理的虐待

同年代の子どもと遊ぼうとしても輪に入ることができず、一人になることが多くなります。日常的に大人から自分の言うことを聞くように（聞いていればやさしくするなど）支配されると、他者とのつながりが弱くなります。加害者である保護者も、子どもの関心を自分に引き付けようとして、子どもの人間関係が広がらないように制限をしている場合があります。

大人との親密な関係が繰り返されているとその感覚が身について、ベタベタと甘えることで安心しようとします。

❹保護者との関係

保護者との関係は虐待や不適切な環境をキャッチしやすい場面です。日々の親子の様子を朝・夕担当の保育者と担任が情報を共有し、保育場面での子どもの様子と重ね合わせて考えます。

保護者から離れるのを極端に恐れる

身体的虐待　性的虐待　ネグレクト　心理的虐待

登園時などで保護者から離れることに激しく抵抗します。保護者（主に母親）は、弱々しく子どもから離れるか、子どもを叱りつけるかどちらかです。きつく叱られる（「あなたを置いて出ていくよ」等の脅し）、DVを目撃すると、子どもは保護者が自分を置いてどこかに行ってしまうのではないかと勝手に想像を膨らませます。迎えに来てもらえないのではないかと、強い不安を抱いてしまう場合があります。

保護者のお迎えに反応しない・嫌がる

`身体的虐待` `性的虐待` `ネグレクト` `心理的虐待`

　お迎えの際、保護者と視線を合わせようとせず、身体を緊張させたり表情を強ばらせる場合があります。安心して過ごすことができる保育所等から離れて家庭へ戻ること、保護者の予測不能な叱責などに怯え、不安になっています。

　お迎え時の子どもの様子は、家庭での親子関係のアセスメントに役立てることができます。

（3）保護者の様子から気づく

❶養育態度

　一般的な責任として保護者が子どもに行うべきことをしているかどうかを見守ります。送迎、食事の提供、子どもへの接し方（ケア）、病気やけがの際の対応など、細かな部分を確認し、保育場面の子どもの様子と重ね合わせて考えるようにします。

理由をつけて欠席させる

`身体的虐待` `性的虐待` `ネグレクト` `心理的虐待`

　子どもにけがやあざが残っている場合、保護者は虐待の疑いをかけられることを避けるため、2〜3日体調不良を理由に保育所等を休ませることがあります。親戚の家に遊びに行っているなどといった理由をつける場合もあります。ネグレクトでは、子どもが一時的に衰弱したり、発熱しているにもかかわらず医療機関で診てもらおうとしない場合があります。

　いずれにしても、子どもと会えない場合の対応について、要対協をはじめ関係機関と打ち合わせをしておく必要があります。

養育に関心がなく拒否的

`身体的虐待` `性的虐待` `ネグレクト` `心理的虐待`

　「子どもなんてほしくなかった」と言葉に出す保護者は少ないですが、「子育てがつらい」「子どもは保育所で見てほしい」などの心情を吐露します。また、子どもの発熱に気づかずに登園したり、登園・降園時に保育中の様子

を伝えようとしても関心がない態度を保育者に示します。保護者によっては、子どもの話題よりも自分の話を延々とします。普段は関心がない態度をしながら、時には激しい口調で苦情を訴える場合もあります。

子どもを罵（ののし）り、怒り出すとコントロールがきかない

身体的虐待 性的虐待 ネグレクト 心理的虐待

　登園やお迎えの時に、保育者や他の保護者がいてもお構いなしに子どもを罵ります。子どもはおとなしく（萎縮して）怒られていることが多いですが、保護者の怒りが止まらずに手が出ることもあります。保育者が落ち着いてもらおうと対応しても、気持ちが収まることは少なく、保育者は子どもを「しっかり見てくれているのか」「甘やかしているのではないか」など、保育へのクレームに結び付けて、保育者を罵る場合があります。

体罰を肯定する

身体的虐待 性的虐待 ネグレクト 心理的虐待

　家庭内で暴力が容認されている場合です。保護者が子ども時代に叩かれて育った経験があったり、言うことを聞かせるため子どもに暴力をふるう習慣がついています。「子ども時代は叩かれて育ったけれど、それでよかったと思っている」と、自分の被養育体験と重ね合わせる場合、「言っても聞かない時には叩きます」といった条件づけや"しつけ"の一環として保護者は体罰を一貫して肯定します。

　保護者の言い分を聞いていると、もっともだと感じるかもしれませんが、どんなことがあっても体罰は許されるものではありません。

きょうだいで養育態度に差がある

身体的虐待 性的虐待 ネグレクト 心理的虐待

　きょうだい間差別ともいいます。きょうだいの中の一人だけかわいくない、保護者の言うことを聞かない、反抗的で困っているなどと保護者が保育者に訴える場面があります。きょうだいを平等に愛することはどの保護者にとっても難しいことです。しかしこの場合は、ご飯を食べさせなかったり、一人だけ別の部屋で過ごさせる、家族は一緒に外出し、その子どもだけ一人で留守番をさせるなど、明らかに差別的な扱いを指します。

子どもは抵抗するよりも受け入れている場合が多く、それでさらに、保護者は自分が子どもから非難されていると感じ、虐待をエスカレートさせます。保護者の愛情を受けたいという子どもの思いがきょうだいの間で競うように強く現れると保護者の負担になり、虐待につながる場合もあります。

子どもの抱き方がぎこちない

身体的虐待 性的虐待 ネグレクト 心理的虐待

　子どもの抱き方がわからない、あるいは抱っこを苦痛に感じる保護者が増えていると考えられています。抱き方が子どもの発達に合わないだけで虐待を疑うわけではありませんが、抱き方によって親子の愛着関係をアセスメントすることが可能です。

予防接種や医療ケアを受けさせない

身体的虐待 性的虐待 ネグレクト 心理的虐待

　子どもの健康・発達への保護者の関心の低さが現れます。金銭的な理由や子どもが嫌がるなどの理由を言う保護者はいますが、社会的な手続きを面倒に感じたり、専門職と会うことを回避したい保護者もいます。子どもの立場ではなく、自分の子育てを非難されたくない、怒られたくないと、自分の思いだけで子どもの発達を阻害する行為をします。宗教上の理由で医療機関の受診を拒否する、あるいは手術の輸血を拒否することがありますが、これらも虐待として通告の対象になります。

アルコールや薬物等への依存

身体的虐待 性的虐待 ネグレクト 心理的虐待

　規則正しい生活ができず、毎日決まった時間の送迎が難しくなります。保護者自身がストレスに対応する力が弱くなっており、緊張から逃避するためにアルコールや薬に頼ることが多くなります。子どもの世話を怠りがちになり、子どもが保護者の代わりをしている家庭もあり、保護者は子どもに依存しています。医療機関で継続的な治療を受けているのか、服薬は正しく継続できているのかを確認する必要があります。

うつ等の精神疾患

`身体的虐待` `性的虐待` `ネグレクト` `心理的虐待`

　精神疾患を抱えながら子育てをしている保護者は増えつつありますが、精神疾患が虐待につながるわけではありません。しかし、中には「子どもとの会話が楽しいと思えない」「子どもの食事の世話などができない（やりたくない）」と保護者が保育者に訴える場合があります。

　大切なのは、精神科や心療内科などで医療的ケアを受け、他者の支援を受けることです。保育所等では、医療的ケア、服薬が継続しているか、話し相手や支援者が近くにいるかといった支援体制とつながっているのかを確認します。

❷保護者の言動／保護者との会話

　保護者は保育者に子育ての思いや自分の感情を話す場面が多くあります。送迎時、懇談、参観、電話や連絡などさまざまです。1つひとつの言動から虐待を疑うというよりも送迎時の様子や保育場面での子どもの様子と重ね合わせて考えるようにします。

「生きていても仕方ない」「死にたい」などと言う

`身体的虐待` `性的虐待` `ネグレクト` `心理的虐待`

　これらは無理心中に発展するおそれもある言葉です。孤立して自分を責め、生きる意欲をなくした状態です。家庭では子どもの世話ができていても、子どもとの楽しく豊かな情緒的交流がないために、子どもは衝動的であったり、逆に自閉的であったりします。保育者は子どもが元気に過ごしていても安心せず、保護者の発言を重く受け止め、早急に園内で情報を共有します。同時に要対協等の関係機関と連携し支援体制をつくり、保育所等の役割を確認します。

子どもの育てにくさを訴える

`身体的虐待` `性的虐待` `ネグレクト` `心理的虐待`

　子どもの育てにくさを訴える保護者は少なくありません。イヤイヤ期（おおむね1〜2歳）は特に多くなります。育てにくさを保育者に訴えることで相談につながります。保育者や同じ立場の保護者と話をすることで、多くの保護者は話を聴いてもらう安心感から、問題となる状況から脱出できます。

こうした訴えと虐待傾向の違いは、保護者を困らせる子どもを悪者と判断しているかしていないかです。保護者の訴えの背景には、子どもの発達の偏り、保護者自身の考え方の硬さなどが考えられますが、子どもを悪者にしている場合は注意が必要となります。特に、両親が子どもの育てにくさを感じている場合は、しつけと称して体罰をしている可能性があります。

生活の改善がみられない

身体的虐待　性的虐待　ネグレクト　心理的虐待

しつけと称して体罰を行う、スキンシップと称して子どもに過剰にかかわることは、適切な養育ができていない等であることを保護者に説明しますが、一向に改善されません。保護者は「わかりました」「やります」と返答しますが、改善の兆しは見えません。これらは「親和的な抵抗」といいます。一見、支援者の指示に忠実に従っているように見えますが、現状を変えるつもりはないという頑固さがあります。

しつけやスキンシップと称して虐待的行為を正当化することは許されません。生活の改善策を考える場合、たとえ保護者から反省の弁が述べられても、あくまでも生活や人間関係に何らかの変化が見られているかどうかで判断します。

❸保護者の対人関係

他の保護者に過度に依存する、あるいは対立してしまうなどトラブルが繰り返し起きることがあります。日頃の子どもの様子と重ね合わせて考えるようにします。

保育者を避ける、面談を拒否する

身体的虐待　性的虐待　ネグレクト　心理的虐待

登園、降園時に保育者を避けるようになります。顔をあわせてもあいさつせずに、そのまま園を出ます。やりとりは連絡帳や電話などが中心になります。保育者が面談を申し入れても「時間がとれない」等の理由をつけて、断ります。保護者自身がDVなどのトラウマ体験を抱えていたり、対人不安などの精神的な問題を抱えている場合があります。子どもは保護者に情緒的に巻き込まれていて、保育所等で友だちとうまくコミュニケーションがとれないなど、注意深く見守る必要があります。

保育所等に批判的態度を表す

`身体的虐待` `性的虐待` `ネグレクト` `心理的虐待`

保育所等のちょっとした問題にクレームをつけます。例えば、子どもの持ち物が足りないことを保護者に伝えただけで、「保育者の伝え方が悪い」「恥をかかされた」「子どもが惨めな思いをした」と、執拗に保育者を責め続けるのです。最後には、保育者が謝罪に追い込まれることもあります。境界性パーソナリティ障害※など、保護者自身がストレスを受け止めきれず、他者の責任に転嫁せざるを得ないという困難を抱えている場合もあります。「(自分の)子どもに声をかけるな」といった制限を加えることもあり、保育所等や保育者が疲弊することがあります。子どもは家庭で保護者から保育所等や保育者の悪口を聞かされることが多く、大人のトラブルに巻き込まれてしまい、保育所等を楽しく利用する権利が奪われた状態になります。

※思春期から青年期・成人早期に起こる感情と行動の失調状態です。
思考・感情・人とのかかわり方、衝動、制御の3つのうち2つ以上に柔軟性が欠ける状態をいいます。他人から見捨てられてしまうのではないかという不安と、自分が何者でどう振る舞えばいいのか分からない自己イメージの不安定さがトラブルの背景にあるといわれています。保育者は相手に落ち着いてもらうことよりも自分が落ち着くことを優先し、複数対応やチーム対応を心がけます。

他の保護者とトラブルを起こす

`身体的虐待` `性的虐待` `ネグレクト` `心理的虐待`

子ども同士のけんかやけがをめぐって保護者同士がいがみ合うことはありますが、和解しようとせず、相手が謝罪をしても納得せず、執拗に相手を責め続けます。送迎時のちょっとした言い合いから、同様のトラブルに発展し、一方の子どもが退園してしまうこともあります。保育所等とも良好な関係は築きにくく、保護者の影響を受けて、子どもは保育所等で問題行動を起こすことが多くなります。

❹生活環境

生活環境について保育者が的確に把握することは容易ではありません。日頃の子どもと保護者の様子を注視しながら、関係機関を通して情報を得るようにします。関係機関からの情報と保護者の話の内容から全体的に生活を把握するようにします。もちろん保育に支障のない限りにおいて家庭訪問を試みることも大切です。

連絡がとりづらい

`身体的虐待` `性的虐待` `ネグレクト` `心理的虐待`

保護者から保育所等に連絡が入ることはありますが、保育所等からの連絡

がつながりにくいことが多いです。子どもの病気やけが、急な予定の変更の連絡などでもつながりません。登園、降園の時間が守られることが少なく、時間に遅れても連絡がとれないため、保護者が迎えに来るまで子どもを保育所等で預かり続ける場合もあります。連絡先が頻繁に変わることもあります。

　いずれにしても、保護者の生活態度が安定していないため、子どもは保育所等に来ても疲れていることが多く、保育活動に積極的に参加できません。衝動を抑える体験ができていないために、多動傾向や対人関係でトラブルを頻発させることもあります。

途中入所で情報が乏しい

身体的虐待　性的虐待　ネグレクト　心理的虐待

　途中入所の理由としては転居や保護者の就労状況の変化、家庭環境の変化などが一般的ですが、近年は虐待が疑われることによる入所が増加傾向にあります。虐待が疑われる途中入所の場合には、いくつかのパターンがあります（図表3-2）。

　アは市区町村の福祉事務所（家庭児童相談室等）が支援方針を決定しますが、一時保護の代わりとして保育所等の利用を促す場合、一時保護、家庭復帰（施設措置の解除）、里親委託の決定は都道府県（政令指定都市、中核都市を含む）の児童相談所に権限があります。そのため、児童相談所が保護者に保育所等の利用の指導を行い、それを受けて、市区町村の福祉事務所が保育所等の利用勧奨を行うことになります。

　ア～エの場合、保育所等にもたらされる子どもと家庭に関する情報について基準がありません。ですから、保育所等が子どもと保護者の見守りを慎重に行いながら、福祉事務所や児童相談所に働きかけて積極的に情報を得るようにしましょう。

ア	在宅で虐待が疑われるものの、一時保護による親子分離ではなく、在宅支援を目指す。そのため保育所等の利用を促す
イ	一時保護（親子分離）から家庭復帰をする条件として、保育所等の利用を促す
ウ	児童養護施設から家庭復帰をする条件として、保育所の利用等を促す
エ	乳児院等施設養護から里親に委託を行う際に、保育所の利用等を促す

図表3-2　虐待による入所の理由

経済的困窮が疑われる

身体的虐待 性的虐待 **ネグレクト** 心理的虐待

　保護者の就労状況が把握できない場合などです。就労証明は発行されていても、就労の実態がはっきりとしない場合があります。求職活動中や資格取得中でも保育所等には預けられますが、その実態がはっきりと把握できない家庭があります。生活保護等の福祉サービスを使っている場合には、市区町村と保育所等が連携することで、生活実態を把握することができます。保育者は子どもの服装や衛生状態、行動観察などから、家庭環境の変化を察知します。

家族以外の出入りがある

身体的虐待 **性的虐待** **ネグレクト** **心理的虐待**

　家族以外の大人の出入りが見られる場合、大人同士の関係が不安定で、子どもにとって不適切な生活環境となります。ひとり親家庭の場合、内縁関係のパートナーの存在が垣間見えたり、子どもの話から「おじちゃん」「おばちゃん」の存在が明らかになることがあります。

　出入りするすべての大人を疑うわけではありません。保育者や行政、地域住民が姿を見かけたり会話を交わすなど交流があり、顔が見える関係であれば、一定の信頼はできるかもしれません。しかし、姿がはっきりしない、顔が見えにくい、交流していない場合には、彼らが身体的虐待や性的虐待の加害者になる可能性があります。十分に注意しながら、要対協などと連携をとりながら対応策を検討しましょう。

所在不明になりやすい

身体的虐待 性的虐待 **ネグレクト** **心理的虐待**

　家庭訪問をしても不在が多く連絡もとれません。親戚の家に行っていた、友人宅に出向いていたなど、保護者はそのつど理由を説明しますが、事実は明らかではありません。あるケースでは、保護者が思いつきで子どもに劇団のオーディションを受けさせようと考え、保育所に連絡なく遠方まで出かけていました。別のケースでは、保護者が外国で行われるコンサートに行くために子どもを同伴させていました。その間保育所等には連絡がなく、所在がつかめませんでした。保護者の自己都合に子どもが振り回されているのであ

れば、落ち着いた生活を送っているとはいえません。

　転居を繰り返すことで居所不明児童に至るケースもあります。連絡がとれず、所在が不明になる場合には、園内で抱え込まず、要対協や自治体の関連部署（福祉事務所、保健センター等）と連携をとり、子どもの安全を確認しなければなりません。

DVの疑い

身体的虐待　性的虐待　ネグレクト　心理的虐待

　保護者の顔や手足にけがやあざがみられる場合は、DV（ドメスティック・バイオレンス）を疑います。被害を受けている保護者は、DV被害を訴える、保育者と一切かかわろうとしない、保育者がけがやあざの理由を尋ねても否定するなど、その様子はさまざまです。DVには身体的虐待のほか、性的、経済的、情緒的な虐待や看護の放棄といったネグレクトが含まれます。性交渉の強要や経済的支配、モラルハラスメントのような情緒的支配は、表面的にはわかりづらく、被害者側の保護者から話されない限りは表面化しません。加害者側の保護者の中には、アルコール依存や精神疾患を患っている人もいます。

　こういった要支援の家庭に対しては関係機関が連携をとりやすいですが、一方で、まじめに働き、社交的で周囲の評価が良い加害者側の保護者もいます。保育者は、加害者側の保護者の外見や社交的な態度に惑わされないことです。日頃から保護者と子どもの様子を注意深く見守り、送迎時の保護者の様子、保育所等での子どもの様子、また地域からもたらされる情報などから、DVやそれに近い家庭の状況を関係機関と共に把握し、役割を分担した対応を行います。

　以上、保育者が子どもと保護者を見守る視点について具体的に解説しました。本文中にも繰り返し説明しているように、保育者は子どもや保護者に見られる1つひとつのサインや兆候をチェックしながら、それらを重ね合わせて総合的な評価を行う意識を養うことが大切になります。　　　　　◆

5 アセスメントシートの活用

（1） 目的と活用方法

　「子どもを守るアセスメントシート」は、保育所等が虐待の予防・対応を行えるようにすることを目的にNPO法人ちゃいるどネット大阪（大阪市）によって作成されました。アセスメントシートは、日々子どもと保護者と接している保育・教育・子育て支援施設であるからこそ把握できるよう、細目にわたる項目が網羅されています。

　保育者が日常的に活用できることを目的としているため、次の①～③の手続きで虐待の把握から重症度の評価、重症度に応じた対応がわかるようになっています。具体的には、①アセスメントシートにチェックを入れる、②「評価表」の番号のうち、アセスメントシートでチェックを入れた項目番号を○で囲む、③「↓」にしたがって囲みに進み、重症度に応じた対応を理解する、の３段階で構成されています。

　アセスメントシートは、虐待の疑いを確認するだけでなく、いくつかの目的をもって活用することが大切です。以下、活用できる目的をあげます。園内研修での活用を含め、虐待に対する職員の意識の向上、情報の共有等に活かす方法を考えてみましょう。

❶保育者が子ども虐待予防の意識を高め、視野を広げる

　クラスで子どもの気になる様子が見られたら、まずチェックしてみましょう（クラス担任の目だけでなく、他の職員の目も大切です）。あわせて保護者の様子もチェックしましょう。虐待への気づき・対応が、保育者の経験年数や考え方によって異なることがありますが、それらは最小限にしなければなりません。チェックすることが、保育者にとって子どもや保護者の様子を意識的にとらえる機会となります。子どもや保護者の様子が身体的虐待、ネグレクト、性的虐待、心理的虐待の特性を理解する手がかりになります。

　気づいた時点で、できるだけ早めにチェックリストを活用しましょう。記入した項目を中心に、複数の保育者で子どもと保護者の状況を共有します。

❷虐待が疑われる子どもと保護者の様子の変化を見る

　❶のチェックから一定期間空けて、子どもや保護者の様子を再度チェックします。虐待が疑われるなどの気になる子ども（または保護者）がいたら、一定期間を空けてチェックを行い、子どもや保護者の状況の変化を把握します。

❸園内のケースカンファレンス等で共通認識をもつ

　❶（気づいたら早めに記入）と、❷（一定期間空けた記入）のいずれの場合も、担任だけで抱え込まず、園内のケースカンファレンスに諮りましょう。園全体で共通認識をもつ際、チェックリストが経過観察の客観的な資料となります。

❹関係機関との意見交換の際、資料に基づく情報提供を行う

情報交換

　児童相談所、福祉事務所（家庭児童相談室、保健センター等）など関係機関に通告を行うと、保育者は通告先の機関と連携をとることになります。その際、アセスメントシートの活用は有効です。通告をすべきかどうかの相談や、情報共有を行った上で役割分担等を確認する場合にも、アセスメントシート（評価表を含む）は子どもや保護者の様子を伝える手段として活用できます。

経過報告

　保育所等は、関係機関から「保育所等での子どもと保護者の見守り」を依頼されます。見守りを継続する中で、状況が悪化した場合、関係機関からの支援を要するかどうか、アセスメントシートはその判断を保育所等が行う際の根拠になります。同時に、関係機関に経過報告などの情報提供を行う際の資料となります。

❺個別ケース検討会議で保育者側の資料として活用する

　要対協では、個別ケース検討会議が実施されます。保育所等が関与するケースについては、客観的な資料提供が必要です。アセスメントシートと評価表は資料を作成する際の証拠（エビデンス）として活用できます。

　要対協でなくても、学校関係者や児童委員など、地域の虐待ネットワーク会議では、保育所等からの状況説明や問題提起の際の資料として活用できます。

❺子どもが健やかな環境で育つことを保障する

　子どもの様子に関する項目として、「生活全般」「対人関係」「ことば」という柱を設け、さらに視点を保育所等での子どもの生活に即して「食事」「遊び」などと分類しています。チェックすると、どの分野に問題が多いのかが一目でわかり、重要課題が把握できます。

（2）チェックの手順

①アセスメントシートは大きく「子どもの様子」「保護者の様子」に分かれています。該当する項目のすべてにチェックを入れてください。

②項目によっては、虐待との因果関係が把握されにくい内容が含まれています。しかし、虐待は疑わしい様子を総合的に判断することで明らかにしていきます。ですから、観察される項目にはすべてチェックを入れるようにしてください。

③子どもの発達段階の特性によって現れる項目や、子どもがもつ障害によって現れる項目があります。これらの特性に躊躇せず、あくまでも子ども虐待が疑わしい、不適切な養育が疑われることをチェックすることが目的であることを職場で確認してください。

④4項目ごとに補足欄を設けています。子どもや家庭に関することで補足することがあれば、簡単に記入しておくとよいでしょう。

⑤評価表に布置された番号はアセスメントシートの番号と同じです。アセスメントシートでチェックを入れた番号を評価表で○を入れます。

⑥評価表は重症度別に軽度から重度の3段階で構成されています。どの段階に○がついたかを確認し、重症度が高い番号に○がついていれば、より高い重症度を総合的な評価とします。

⑦重症度の「↓」の下に、保育所等でとるべき対応が解説されています。解説を参考に、保育所内で対応と役割分担を確認します。重症度にかかわらず、関係機関とは情報の共有を図るようにします（評価表は第1回〜第3回まで同様です。長期にわたるケースの場合は、活用した回数に合わせて評価表を重ね、変化を確認します）。

　アセスメントシートは情報を集約する方法として、虐待の疑わしさと重症度を評価するための資料として、そして園内研修の資料としても活用できます。保育者一人ひとりがアセスメントシートを用いた評価を行ってみましょう。◆

子どもを守るアセスメントシート

●保育所・幼稚園・こども園・支援センター用●

提供：特定非営利活動法人ちゃいるどネット大阪

第1回記録日	年	月	日	記録者
第2回記録日	年	月	日	記録者
第3回記録日	年	月	日	記録者

| 子どもの名前 | | 生年月日 | 年 月 日 | 性別 | 男・女 |

枠内の内容に該当すれば、右のチェック欄（3回付けられるようにしています）に ✓ を入れましょう。不確かな場合は 不 と記入しましょう。また、それぞれの項目に□があれば、該当するものに ✓ を入れましょう。補足することがあれば、補足欄に記入しましょう。

子どもの様子

1. 生活全般
（1）身体に関すること

	第1回	第2回	第3回	
不自然な傷が頻繁に認められる □頭部　□腹部　□顔面　□その他（　　　　　　　　　　） □骨折　□あざ　□火傷　□切り傷　□打ち身　□傷跡（たばこ等）　等				1
性行為やわいせつ行為を受けた、または受けた疑いがある　性感染症、性器・肛門付近の外傷がある				2
特別な病気がないのに、身長や体重の増えが悪い				3
慢性疾患や先天性疾患があるが定期的な受診につながりにくい				4
身体を見られるのを嫌がる □身体測定を嫌がる　□着替えを嫌がる　等				5
頻繁に体調を崩す □熱を出す　□下痢や嘔吐が続く　等				6
特別な病気がないのに顔色がよくない □朝食を食べていない　□夕食を食べていない　□水分不足　等				7
円形脱毛が見られる				8
虫歯があり、促しても治療につながらない				9
皮膚疾患があるが通院・治療につながりにくい □あせも　□虫刺され　□アトピー　□水いぼ　□とびひ　等				10
補足欄				

（2）清潔に関すること

	第1回	第2回	第3回	
何日も同じものを着ていることがあり、着替えをしていない				11
洗濯していない服を着ている				12
身体の衛生が保たれていない □入浴していない　□爪を切っていない　□髪の毛を整えていない □紙パンツ（おむつ）が交換されていない □乾いていないままの服を持ってくる　等				13
散髪に行っていない				14
体臭・口臭が気になる				15
補足欄				

（3）運動発達に関すること

	第1回	第2回	第3回	
月齢に比べ身体的発達が遅い □寝返り　□おすわり　□はいはい　□つかまり立ち　□歩行　□片足跳び □階段昇降　等				16
手先の不器用さがある				17
物の操作が苦手である				18
体幹が弱く、姿勢保持が困難である				19
補足欄				

（4）食事に関すること

	第1回	第2回	第3回	
食べ物への極端な執着がある □食べ物を見るとすぐ口に入れる　□いつまでも食べている　等				20
年齢に合わない食べ方がある □手づかみ　□食べこぼし　□ムラがある　等				21
食べ物をこぼした時に保育者の顔色をうかがう				22
過度な早食いが見られる				23
食べることに対しての意欲が低い				24
極端な偏食がある				25
咀嚼（そしゃく）力が極端に弱い				26

補足欄

（5） 睡眠に関すること

	第1回	第2回	第3回	
昼寝の時、寝付きにくい □緊張が見られる　□興奮が見られる　等				27
悪夢で頻繁に起きることがあり、ぐっすり眠れない				28
おねしょが頻繁に繰り返される				29
就寝時、側に近寄ることや抱っこされることを拒否する、あるいは保育者を独占する				30
昼夜逆転や、睡眠障害が疑われる				31
補足欄				

2. 情緒面
（1） 情緒面に関すること

	第1回	第2回	第3回	
怯えた泣き方をする（大人の対応に恐怖心をもつ）				32
自分の思い通りにならないと長時間泣きわめくことがある □大声　□奇声　□嫌な時にはテンションが高くなる　等				33
朝の受け入れ時、機嫌の良い日と悪い日の落差が激しい （普段は落ち着いて簡単にできることが、別の日には情緒不安定になり、できなくなる　等）				34
視線が合いにくい				35
感情表現が抑えられており、情緒的交流が不得意である （保育者や他児に対して常に距離を置いて様子をうかがい、遊びに誘っても乗って来ない等）				36
表情や反応が乏しく、笑顔が少ない				37
依存欲求が大きく、抱っこしてくれるまで大声で泣く				38
気に入らないことがあると執拗に泣き、気持ちの切り替えができない				39
身体のだるさや不調を大げさに訴える				40
補足欄				

（2）態度面・行動面に関すること

	第1回	第2回	第3回	
特定の場所を嫌がる □トイレ　□押入れ　等				41
過度のしつけの影響が見られる □食事の時に汚れを気にする　□遊んでいる時に汚れを気にする　等				42
要求が通らない時、癇癪（かんしゃく）やパニック*を起こすことがある				43
衝動性が高い				44
時折、無表情になり、凍りついたような凝視が見られる				45
行動、気分、性格が急変することがある □何かを契機に茫然自失となる　□身体を緊張させて固まる □興奮し自制がきかない　等				46
大きな音、耳慣れない音に驚愕反応（硬直やパニック）を示すことがある				47
うるさくない状況なのに「うるさい！」と言うことがある				48
警戒心が強く用心深い □人間関係　□場所に対しての過度の緊張があり、なかなか慣れない　等				49
注意が散漫で集中力が持続できない				50
初めての場所や人が多い所が苦手				51
気に入らない時に保護者や保育者を叩く				52
感覚過敏があり、食事や遊びの中で過敏に汚れを気にする、汚れることを嫌がる				53
補足欄				

*突発的な不安恐怖心による混乱した心理状態、錯乱した行動

（3）自傷・他害に関すること

	第1回	第2回	第3回	
制止にかかわらず、頻繁に危険を伴うような無茶な行動が見られる □高い所から飛び降りる　□高いところに登る　□当たるとケガをするようなものを平気で投げる　□自他共に傷つくような無頓着な行動がある　等				54
自傷行為がある □物や素手で頭を叩く　□壁や床に頭を打ち付ける　□毛を抜く　□砂をかぶる　等				55
小動物虐待をする				56
通りすがりに友だちに乱暴をする □叩く　□つねる　□蹴る　□踏む　□噛む　□ひっかく　□押す　等				57
補足欄				

（4） 物の扱いに関すること

	第1回	第2回	第3回	
持ち物の紛失や破損が頻繁に見られる				58
物品に対する扱いが荒っぽい 　　□自分の持ち物でも大事にしない　□投げる　□引っ張る　□噛む　等				59
自分の精神安定のために、特定の物を執拗に持ち続ける 　　□おもちゃ　□ぬいぐるみ　□タオル　□毛布の切れ端　等				60
補足欄				

3. 対人関係

（1） 遊びで見られること

	第1回	第2回	第3回	
虐待体験をそのまま表現したような、深刻さや激しさを伴う遊びを繰り返すことが見られる				61
遊びの中で破壊や攻撃に関する表現が目立つ（特に暴力や死に関するもの）				62
一人遊びが多く、呼びかけに対して拒否的な物言いをする（「あっち行け」・「来るな」等）				63
集団で遊ぶことが少なく孤立しがちである				64
自らのふざけや集団での遊びがエスカレートして興奮状態になり、自制がきかなくなることがある（一人浮いた感じになり、周りが引いてしまう）				65
さまざまな活動に対する興味を失うことがある 　　□みんなと楽しい雰囲気を共有できない　□自分の世界に閉じこもってしまう　等				66
おもちゃに興味を示さず、手を出そうとしない				67
補足欄				

（2） 子ども同士の関係で見られること

	第1回	第2回	第3回	
他児への攻撃が見られる 　　□叩く　□蹴る　□噛む　□ひっかく　□押す　等				68
相手に怒りや不快感を引き出させる言動があり、けんかや叱責の対象となる				69
他児を避ける				70
他児から避けられる				71
保育者や他児の気を引く行為が見られる 　　□他児の行動を邪魔する　□他児に強い対抗意識をもつ　等				72

	第1回	第2回	第3回	
自分より弱い者には支配的で、強い者に対しては従順になる				73
他者には理解できない状況で、衝動的に暴力をふるうことがある				74
子ども同士でいるより大人にまとわりつくことの方が多い				75
友達のしていることに興味を示さず、じっと目で追うだけで友達にかかわろうとしない				76
友達が近づいてくると嫌がる				77
おもちゃの貸し借りができず、独り占めしてしまう				78
補足欄				

（3）保育者等との関係で見られること

	第1回	第2回	第3回	
試し行為を繰り返す □ダメと言われることをわざとする　□きつく叱られるまで行動を止めることができない　等				79
他児が叱られていると、自分のことのように怯える				80
保育者を独占する				81
抱っこしてくれるまで泣く、おろすと泣く				82
大人の顔色や機嫌を敏感にとらえ、それに合わせたり甘えたりしようとする （一見よい子に見えるが、どこか無邪気さや子どもらしさが感じられない）				83
保育者の顔色を見て、注意されたことに対して謝ることはするが行動は改まらない				84
謝ることに時間がかかる				85
ほめられることに抵抗がある				86
抱かれ方がぎこちなかったり、拒否したりする				87
抱かれると異常に離れたがらない				88
「赤ちゃん返り」がある □執拗な抱っこ要求　□赤ちゃん言葉による甘えの表現　等				89
補足欄				

（4）保護者との関係で見られること

	第1回	第2回	第3回	
明らかに叩かれた跡があっても保護者をかばう				90
「帰りたくない」という言葉や態度が見られる				91
子どもと保護者の視線がほとんど合わない				92

	第1回	第2回	第3回	
保護者を求めて待っているが、保護者の様子をうかがい自分の気持ちを出さない				93
保育者が保護者のことを口にした時、子どもが身体を緊張させたり、表情をこわばらせる				94
送迎時、保護者の姿を見ると急に態度が変わる				95
保護者のいない時に保護者のことをやたらと言葉にする 　　□好き　□お仕事忙しい　等				96
補足欄				

（5） 性的な関心で見られること

	第1回	第2回	第3回	
人形を使ったり、他の子ども達を巻き込んだりして性的な遊びをすることが見られる				97
自分や他人の性器に異常な関心をもつ				98
他人の身体の性的な部分に不適切に、あるいは攻撃的に触れることがある				99
補足欄				

4. 言葉
（1） 言葉の発達に関すること

	第1回	第2回	第3回	
言葉の発達に遅れが見られる 　　□発達に応じた発語がない　□言語指示だけでは理解できない 　　□発音不明瞭　□エコラリア*　等				100
補足欄				

*反響言語・オウム返し、即時性と遅延性がある

（2） 表出に関すること

	第1回	第2回	第3回	
自己否定を表す言葉が見られる 　　□「どうせ○○（私）なんて」　□「どうせ私が悪いんだ」　□「自分は嫌われ者だ」　□「居ないほうがいいんだ」　□「死んだほうがいいんだ」　等				101
相手に不快感を与えるような刺激語を頻繁に使う 　　□汚い言葉　□差別語　□性的表現　等				102

	第1回	第2回	第3回	
嘘をつく □思い込みたいため　□自分を守るため　□暴力を逃れたいため □かわいがられたいため　等				103
独り言がある（保護者に言われていると思われる「早くしろ」・「バカ」　等）				104
自分の欲求や要求を強く出さない（泣かない）で諦める				105
保育者に対して執拗に泣いて要求を通そうとする				106
必要以上に興奮して話す				107
不安な出来事について繰り返し話すことがある				108
補足欄				

保護者の様子

1. 養育態度に関すること

	第1回	第2回	第3回	
子どもの養育に関して □拒否的　□無関心　□無視　□場当たり的　□支配的　□過干渉 □必要以上の密着　等				1
体罰を肯定している				2
子どもが言うことを聞かないと感情的になり、人前で暴力をふるったり大声でどなったり、怒り出すとコントロールができなくなる				3
きょうだいの間に養育態度の差がある				4
食事を提供していない □離乳食　□朝食　□昼食　□夕食　□その他（　　　　　　　　　）				5
長時間、外に出している				6
重篤な症状であるにもかかわらず、医療的処置を受けさせていない □感染症　□発熱　□外傷　等				7
乳幼児健康診査を受けさせていない □4か月　□1歳半　□2歳半　□3歳半				8
予防接種を受けさせていない				9
子どもの養育を親族や他者に任せっぱなしにしている				10
欠席、遅刻が多い（無断、理由を付けて）				11
決められた時間に迎えに来ないで、連絡がつかなくなることがしばしばある				12
子どもが不適切な行為をしていても止められない □危険な行為　□周囲の迷惑になる行為　等				13
子どもが泣くことに関して □怖がる　□嫌がる　□腹立たしく思う　等				14

	第1回	第2回	第3回	
知的障害・発達障害が顕著であるのに適切な療育を受けさせていない（障害受容の拒否も含む）				15
子どもが他児に迷惑をかけていると過剰に気にして、いつも謝っている				16
子どもに必要以上に干渉して繰り返し指示・注意をする				17
子どもの抱き方が不自然である				18
母子手帳にほとんど記入がない				19
持ち物が揃わない				20
書類の未提出 　□不備　□紛失　□期限を守れない　等				21
補足欄				

2. 養育環境に関すること

	第1回	第2回	第3回	
過去に本児やきょうだいへの虐待歴がある				22
一時保護や施設入所されている、またはされたことがあるきょうだいがいる				23
妊娠出産時の様子 　□望まない　□未受診　□飛び込み出産　□孤立　□若年　□多胎　等				24
家族状況に関して 　□若年親　□連れ子がある再婚　□未婚　□内縁関係　□頻繁にパートナーが変わる　□不特定者の出入りがある　□多子　□その他（　　　　　　）				25
家族・子どもの所在がわからなくなることがある				26
家庭内が不衛生である 　□極めて不衛生　□物の散乱　□大量のごみ　□危険物（薬物・ガラス・たばこ等）				27
安全・事故防止の対策・配慮ができない				28
家庭内に不和・対立がある、DVやけんかがある				29
家族状況に関して 　□ひとり親　□別居　□里親　□その他（　　　　　　　）				30
転居を繰り返している				31
連絡が取りにくい 　□着信拒否　□電話番号が変わっていても届けない　□応答がない　等				32
機関の支援を拒否する				33
親とは疎遠、または頼らない（父・母健在にもかかわらず、親・きょうだいの話が出ない）				34
地域との交流がない				35
補足欄				

| | | | I.導入編 | II.実践編 | III.応用編 |

3. 言動に関すること

	第1回	第2回	第3回	
気になる言動がある □死にたい　□殺したい　□心中したい　等				36
頻繁に気になる言動がある □産まなければよかった　□手を上げそうになる　□子どもが嫌い　□かわいく思えない　□子どもと離れたい　□独りになりたい　等				37
子どもが受けた外傷や状況と保護者の説明に辻褄（つじつま）が合わない				38
DV被害を訴える				39
被虐待歴を訴える				40
子どもの育てにくさを訴える				41
都合の悪いことは子どものせいにしたり、ごまかしたり、信憑性（しんぴょうせい）のない表現をする				42
自分のことばかり話す （自身の困り感は訴えるものの、子どもへの関与は拒否的もしくは無関心である）				43
保護者の不安が大きく、他の人と比較してうらやましく思う				44
補足欄 				

4. 保護者との関係の中で推察される状況

	第1回	第2回	第3回	
薬物・アルコール依存の疑いがある □常習的な飲酒　□薬物の乱用　□知的・精神疾患等の疑い　等				45
精神疾患および精神症状、身体疾患の疑いがある □統合失調症　□気分障害（躁うつ）　□出産後うつ　□神経症 □自殺企画　□自傷　□他害　□PTSD　□人格障害　等				46
不適切な薬物投与の疑いがある				47
代理ミュンヒハウゼン症候群*の疑いがある				48
子どもを置いて夜間や長時間不在になる				49
DV被害が疑われる				50
被虐待歴が疑われる				51
子どもが嫌い・かわいく思えないと感じている				52
子育てにストレスを感じている				53
知的な遅れや発達の偏りが疑われる				54
子どもに求める姿（理想像）と実際の子どもの姿に大きなズレがある （子どもの状態を受け入れようとしない）				55

序章

第1章

第2章

第3章

第4章

第5章

第6章

第7章

補足欄

*手段として子どもに傷害行為等を行い、自分に周囲の関心を向けることにより精神的満足を得ようとする行為。例えば、点滴に異物を混入し、献身的な看護をする等

5. 対人関係に関すること

	第1回	第2回	第3回	
対人関係が敵対的で、頻繁にトラブルを起こしている				56
面談を拒む				57
応答関係が築けない 　　□問いかけに首をかしげる　□緊張をする　□黙り込む　□話していても伝わらない　等				58
集団になじめずに孤立する				59
保育所・幼稚園・こども園に対して非協力的であったり、批判的態度をとったりする				60
人のことを聞きたがる、相手が嫌がっている等の雰囲気がよめない				61
補足欄				

6. 経済基盤に関すること

	第1回	第2回	第3回	
ライフラインが止まる				62
金銭管理ができない 　　□外食　□買い物をする　□ギャンブル　□アルコール　□借金　等				63
収入が低く、生活に困窮している				64
仕事に関すること 　　□仕事が定まらない　□仕事があるが不定期　□夜の仕事である　等				65
親の援助を受けている				66
生活保護を受給している				67
園の集金支払いが遅い・滞納する				68
補足欄				

| | I.導入編 | II.実践編 | III.応用編 |

評価表〈第1回〉

〈記録日〉　年　月　日

〈子どもの名前〉　　　　　　　〈年齢〉　歳　か月　　〈クラス〉

	重　度	中　度	軽　度
子どもの様子 1. 生活全般 （1）（2） （3）（4） （5）	☆1　☆2（最重度）	3　4　5　11　12 13　20　21	6　7　8　9　10 14　15　16　17　18 19　22　23　24　25 26　27　28　29　30 31
2. 情緒面 （1）（2） （3）（4）	54　55　56	32　33　34　41　42 43　44　45　46　47 48　57	35　36　37　38　39 40　49　50　51　52 53　58　59　60
3. 対人関係 （1）（2） （3）（4） （5）	61　90　91　97　98 99	62　68　69　79　80 92　93　94　95	63　64　65　66　67 70　71　72　73　74 75　76　77　78　81 82　83　84　85　86 87　88　89　96
4. 言葉 （1）（2）	101	100　102　103　104	105　106　107　108

| 1・2は迷わず通告。命の危険・身の危険が考えられる。一時保護も視野に対応することも必要なので、子ども家庭センターや家庭児童相談室等に至急連絡する。 | 虐待を受けていると疑われる状況にある。子ども自身の発達の課題や育てにくさが多々ある状況とも考えられる。重症化する前に家庭児童相談室等に連絡し、対応を協議する。 | 虐待を受けていると疑われる状況にある。子ども自身の発達の課題や育てにくさがある中で、親子関係の構築がうまくいかないことが考えられる。支援について専門的なアドバイスが必要な状況と考え、家庭児童相談室等と情報を共有する。 |

	重　度	中　度	軽　度
保護者の様子 1　2　3　4　5　6	1　2　3　4　5 6　7　22　23　24 25　26　27　28　29 36　37　38　39　45 46　47　48　49　62	8　9　10　11　12 13　14　15　30　31 32　33　34　40　41 50　51　52　56　57 58　59　60　63　64	16　17　18　19　20 21　35　42　43　44 53　54　55　61　65 66　67　68

| 虐待という自覚がなくとも、体罰の容認や重度のネグレクト、養育困難な状況にあり、ハイリスクととらえ、家庭児童相談室等に連絡する。 | 保護者自身の不安定さがあり、支援につながりにくく拒否感が強い。リスクが高く重症化するおそれがあるため、家庭児童相談室等に連絡しケースの共有が必要である。 | 子ども理解を促し、適切な養育に導く専門的な支援が必要である。保育所等だけで抱え込まず家庭児童相談室に情報提供し、保護者自身が相談できるよう支援する。 |

083

Ⅱ 実 践 編

前章では、虐待が疑われる場合の発見のポイントや虐待のサインに気づくための視点について学びました。本章では、保育所等で虐待が疑われる子どもを発見した場合の対処・対応について考えます。

第**4**章

発見・通告の
タイミングと手順

1 保育所等における発見・通告の必要性

発見と通告に最も大切なのは「早期発見」です。「いつもと違うぞ。けがをしているぞ。あざがあるぞ。虐待かな?」といった気づきの視点をもつことです。気づくことで子どもと保護者の状況を再度確認でき、園内で情報共有が行え、園全体の組織判断ができるようになります。

「気づく」→「確認する」→「共有する」→「組織で判断する」という流れになります。本章では"気づき"から"判断"までの流れについて理解を進めます。

保育所保育指針(平成29年告示)では、「第4章 子育て支援」の「2．保育所を利用している保護者に対する子育て支援 (3)不適切な養育等が疑われる家庭への支援」において、「保護者に不適切な養育等が疑われる場合には、市町村や関係機関と連携し、要保護児童対策地域協議会で検討するなど適切な対応を図ること。また虐待が疑われる場合には、速やかに市町村又は児童相談所に通告し、適切な対応を図ること」と定められています。

児童相談所および市町村における虐待対応件数のうち、就学前の被虐待児童の件数は増加しています。厚生労働省の調査によると、子ども虐待のおそれを認識した保育所等のうち、通告するかどうか判断に迷った結果、通告しなかった保育所等は3分の1程度あるといわれています。また、虐待のおそれを認識してから通告までに長期間(1か月以上)を要しているケースが少なからずあります。

通告をしなかった、または通告までに長期間を要した理由として、子ども虐待の確証が得られなかったこと等があげられています。これは、たとえ確証が得られなくても、子ども虐待のおそれを発見した場合は通告しなければならないという児童虐待防止法の趣旨が保育所等で徹底されていないことを示しています。

また、児童相談所や市町村に相談あるいは情報提供することに対して、「抵抗がないと感じる」または「どちらかといえば抵抗がないと感じる」と回答している保育所等の担当者は7割程度にとどまっています。

抵抗を感じる理由として、「確証がもてないまま通告してよいのか」「保護者からのクレームがこわい」「(家庭から離されて一時保護されると)子どもがかわいそうだ」等が考えられます。保育者の心情に流されないためにも、組織で情報を共有し、"疑わしければ通告"することを徹底し、組織としての判断を行うことが子どもの命を守り、保護者や家庭を守ることにつながるのです。　◆

2 虐待の疑いへの気づきと重篤度の判断

　保育所等で虐待が疑われる状況に気づいた場合の発見から通告、重篤度の判断について、図表4-1（91頁）をもとに、インシデント（1つの場面）を交えながら考えてみましょう。

インシデント①

　朝、登園してきたB子さんの頬に、叩かれたようなあざがありました。B子さんの説明は曖昧で、母親は虐待を否定しました。しかし、あざは大人の手で殴られたような痕だと思われます。

＜通告に向けて＞

　虐待が疑われる状況について事実関係を明らかにするためには、まずは子ども本人や保護者の様子を観察することによって情報を得ます。子どもについては保育場面での観察、保護者については送迎時や電話でのやりとり、家庭訪問の様子などから得られた情報で確認をします。また、けがやあざの理由について、子どもや保護者に直接聴き取りを行い、通告を行うか否かの判断をします。

　このように、観察や聴き取りによって得られる情報は、アセスメントシート（72頁参照）を活用することで、虐待の重篤度や緊急性を組織で判断することにつなげます。

　インシデント①の場合、観察や聴き取りから得られる情報は、あざを確認した日時（いつあざができたのか推定ができます）、あざの程度、できた理由、保護者の説明、保護者が子どものけがに適切な処置を行ったか等です。また、その子どもにはこれまでにも、けがや病気などを理由に、保育所等を休んだことはなかったかなど、けがに関することだけではなく、不適切な養育が疑われる状況について、関連する情報を集めます。

　集められた情報をもとに、虐待が疑われる状態が日常的に継続しているのか、突発的に起きた出来事なのかを確認し、通告の判断を行います。

インシデント②

両親ともに精神疾患を患っている家庭です。保育料を滞納し、タロウくんの登園が1か月に数日と不安定なため、保育所で見守りを行っていました。最近は、タロウくんが登園しない日が続くようになっています。登園しない日は、保育者が家庭訪問をしても、不在か居留守をつかわれているようです。保育所が行う家庭訪問にも限界があります。

<通告とその後の対応に向けて>

　通告に向けて、これまで集めている情報を整理します。登園の状況、登園・降園時の子どもと保護者の様子、保育中の子どもの様子、言動などから、虐待やネグレクトの兆候を探ります。保護者が保育者に話した内容、つまり家庭での生活状況（衣・食・住環境）、保護者自身の体調、育児のつらさ、親族関係（手伝ってくれる人物の有無）などについて整理をします。子どもに会えない状況が続くのであれば、それまでに得られた情報と照合し、重篤度について組織として判断します。予測される虐待の重篤度に応じて、家庭児童相談室や児童相談所に通告し、連携方法について考えます。通告後は保育所等が登園を促すために家庭訪問すべきか、主任児童委員など地域による見守りを行うべきか、医療機関の受診を確認すべきか等、支援や見守り方法を協議します。

　保育所等による家庭訪問や送迎が困難であれば、その旨を児童相談所や家庭児童相談室の担当者にはっきりと伝えます。送迎が可能な場合には、いつまで継続するのか、家庭訪問しても親子に会えない時にはどう対応すればよいのか、訪問の際に保護者と会えた場合はどのように声をかければよいのか等、予測される事態について細部にわたり確認します。そうすることで、関係機関の役割もある程度明確になり、「保育所等に丸投げされた」ような状態になるのを防ぐことができるでしょう。

インシデント③

　送迎時の子どもへの保護者の態度が気になるケースです。ジロウくんを叱り続け、頭などを叩きながら登園します。お迎えの時間に遅れることも多く、保育者には「仕事が忙しいから仕方ない」と言い切っています。ジロウくんに発熱があっても、お迎えの時に「なんで熱を出すんだ！」と、子どもを心配する気持ちが一切感じられません。ジロウくんの言動も激しくなり、他児や保育者への暴力が出始めています。ジロウくんは、保護者から「保育士の言うことなんか聞くな」と言われていることを公言しています。

　保育所としても、ジロウくんと保護者の支援に限界を感じ始めたため、家庭児童相談室への通告を考えています。しかし、明らかなけがやあざがあるわけではないため通告をためらっています。

＜発見・通告を意識した見守り＞

　子どもへの虐待が疑われた場合、保育者は最初にどのように声を上げればよいのでしょうか？ 不適切な養育や虐待の事実を見逃したり、疑いが明らかであっても声を上げることに躊躇して、通告が遅れる場合もあります。たとえ保育者が声を上げても、園内で真剣に取り合ってもらえない場合や、保護者との関係を心配するあまり通告を躊躇している場合は、その間に事実の確認などが遅れてしまうことがあります。

　そうして、虐待の判断がうやむやのままに時間が経過します。当初疑っていた保育者も、自分が疑いすぎたかもしれないと、誤った考えになるおそれがあります（けがやあざは日々の経過で消失します）。保育所等※では、声を上げた保育者を最後まで支えるという意識が職場内に生まれることが大切です。

通告を行った後の保護者との関係

　保育所等で虐待のリスクが高いと判断し通告したケースは、その後の保護者との関係構築に十分な配慮が必要になります。

　しかし、通告は密告ではありません。子どもと保護者をよりていねいに支援するために、専門機関が連携を図るための手段です。保育者はこのことを十分に理解した上で、通告したことを保護者にていねいに説明します。子ど

解説

※職員すべてで見守る保育所等には、保育者の他に調理員、看護師、事務員などさまざまな職種の職員がいます。文中では保育者と表記しますが、保育所等に携わるすべての職員を意味しています。

もと保護者を保育所等と専門機関を含めて支援すること、通告の後に子ども
が保育所等で一時保護された場合は、子どもの育ちのためにはいったん離れ
て生活し、子どもの特性を見ること、保護者も子どもと距離をおくことで新
しい育児方法を考える機会になることなど、保護者と子どもの通告や一時保
護のメリットになることをしっかりと伝える必要があります。

　保護者にとって通告は、不適切な養育を指摘される、子どもを取り上げら
れるといった不利益ばかりが想像されるため、保育者に攻撃的な態度を取る
場合があります。一時的に攻撃的になるのは、保護者の心理からすれば当然
のことでしょう。保護者の攻撃的な態度を受け止めることは保育者にとって
簡単なことではありません。しかし、子どもを守り保護者を支えるという強
い気持ちをもって、毅然とした態度で通告したことを伝えましょう。　　◆

虐待のリスクの見極めと通告先

（1）虐待のリスクの判断

　子どもへの虐待が疑われた場合、どこに通告をすればよいのでしょうか。児童虐待の防止等に関する法律では、通告先は児童相談所、福祉事務所、民生委員・児童委員（を介して福祉事務所等）となっています。虐待の程度や疑わしさをどのように評価すればよいか迷い、通告を躊躇することもありますが、保育所等は、まず市区町村の家庭児童相談室に通告することを考えます。一方で、虐待の重症度によっては、児童相談所に直接通告することも可能です。

　図表4-1は、虐待の程度、重症度、深刻度によって通告先が分かれることを示しています。

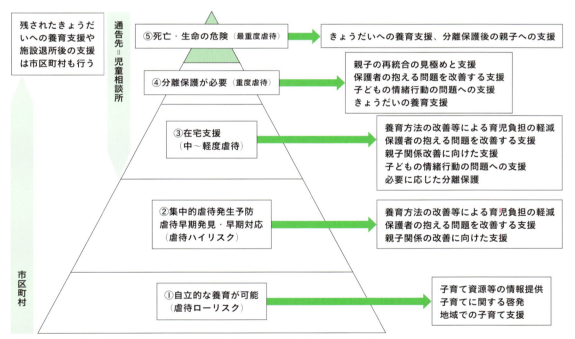

図表4-1　虐待の重症度等と対応の内容・児童相談所と市区町村の役割
出典：厚生労働省『児童相談所と市町村の共通リスクアセスメントシート（例）』2017年を一部改変

❶自立的な養育が可能（虐待ローリスク）

状態

　育児ストレスを訴える、子どもを叩いてしまいそうだ、子どもの顔を見るのがつらい、子どもがけがをしない程度に叩いてしまう等、保護者自身の問題として保育者に相談・告白することもあります。

対応

　対応としては、保護者が孤立しないように、子育ての方法の相談、助言、子育て支援の情報提供とあわせて、保育所等や地域で保護者同士のつながりができるようにします。

❷集中的虐待発生予防、虐待早期発見・早期対応（虐待ハイリスク）

状態

　育児ストレスやイライラ感を訴える（見える）とともに、保育者の前で子どもをどなる、叩く（こづく）など、体罰や言葉の暴力が目撃された場合です。急にふさぎ込むなど子どもの変化が見られた時には、保護者や保護者以外の大人から暴言や暴力を受け始めたことを疑います。保護者は子育てのしづらさを訴えますが、自身の問題ではなく子どもの責任にしていることもあります。子どもが不衛生であったり、お腹を空かせているなど、家庭内での養育の不適切さ（ネグレクト）が疑われる場合もあります。

対応

　対応としては、日常的に繰り返されていないか、子どもにけがやあざがないかなど、見守りを強化します。子どもの育てにくさについて、保護者の負担感が軽減できるように一緒に考える機会をつくります。家庭内や地域に育児に協力できるネットワークをつくり、保護者を支える仕組みを考えます。

❸在宅支援（中〜軽度虐待）

状態

　保育者や他の保護者の前で子どもをどなったり、叩くことが日常的に繰り返されている場合です。子どものけがやあざが軽微で、保護者自身が叩いたことを認め、なぜ叩いたのか、自分の気持ちを打ち明けることはできるものの改善が見られない場合です。保護者自身も、身体的・精神的に疾患などを抱えていて、子どもの情緒が安定せず保育者にベタベタと甘えてくる、他児と関係がつくれないなど、気になる行動が増えている場合です。子どもの不衛生さ（汚れ、臭い）が日常的に見られるなど、身体的・心理的虐待やネグレクトが日常的（常習）に繰り返されている可能性が明らかに想定される場合を指します。

対応

　対応としては、関係機関と連携しながら日常的に保護者と子どもを見守り、支える仕組みをつくります。「見守る」とは、保育所等での登園・降園時の声かけをていねいに行う、話ができる機会をつくる、保護者と子どもの変化をチェックする、医療機関等の受診が行われているかどうか確認する、行政等の窓口相談に訪れているのか確認する、などです。「支える」とは、保護者の話を聴き、受け止める家庭を訪問して話を聴く、養育支援のサービスを提供するなどです。見守りや支援を行いながら、深刻さが増していると判断された場合には、一時保護を含め早急に対応できる準備を整えておきます。

❹分離保護が必要（重度虐待）

状態

　けがやあざが明らかな場合です。保育所等での子どもは、保育者や他児とのトラブルが頻発するなど、情緒が不安定です。家の中はごみが散乱するなど不衛生で、保護者自身も精神的に不安定さが顕著に見られます。通園が断続的になり、欠席が目立つ場合もあります。

対応

　対応としては、親子の分離保護を前提とします。分離保護をした後の保護者の支援について、関係機関と役割分担等を協議します。残されるきょうだいが引き続き通園する場合には、子どもに日常的な保育を提供しながら、子どもは見守り、保護者とは子どもを保護された心情や家庭復帰に向けた取り組みについて話し合います。

❺死亡・生命の危険（最重度虐待）

状態

　保育所等で発見されるケースは稀ですが、自宅等で頭部や腹部を殴打され内出血が起こった場合は、時間をおいて保育所等で症状が顕著になる場合があります。登園しないため、保育所等や関係機関の職員が家庭訪問等をした際に発見される場合もあります。

　また、子どもの泣き声等地域からの通報によって児童相談所や警察が介入したり、子どもが一人で徘徊をしていて通報され児童相談所や警察に保護される、DVの通報で警察が介入し子どもが保護される、子どもが緊急搬送されて医療機関が発見する等、通園している子どもが保育所等の直接関与しない形で保護され、分離保護が図られる場合もあります。

解説

分離保護…子どもを家庭から分離し一時保護を行うこと。一時保護の判断は児童相談所が行います。一時保護所で行われるのが一般的ですが、児童養護施設や乳児院、里親家庭、子どもの状態によっては、病院に一時保護が委託されることもあります。一時保護の期間は原則2か月以内（超える場合は児童相談所長または家庭裁判所の承認が必要）です。児童相談所は一時保護の間に子どもの発達や心理状態の判定、保護者との面談を行い、一時保護の後、家庭に帰るか、児童養護施設、乳児院、里親家庭などに移されるかの判断を行います。なお、一時保護を行う際の保護者の同意は必ずしも必要ありません。

対応

　対応としては、保育所等で子どもが頭部、腹部への異常を訴えた場合、身体のけがやあざ等を慎重に確認し、被虐待歴と照らし合わせるとともに、医療機関を受診します。直接的に関与せずに保護された場合は、保育所等で把握している被虐待歴について情報を集約し、関係機関と共有します。❹と同様に、残されたきょうだいがいる場合には、保育を通した支援について、関係機関と協議を行います。　　　　　　　　　　　　　　　　　　◆

4 通告先の検討と通告

（1）通告先の検討

　虐待が疑われると気づいた場合、どこに通告をすればよいでしょうか。図表 4-2 は、保育所等が通告する場合の流れを示しています。

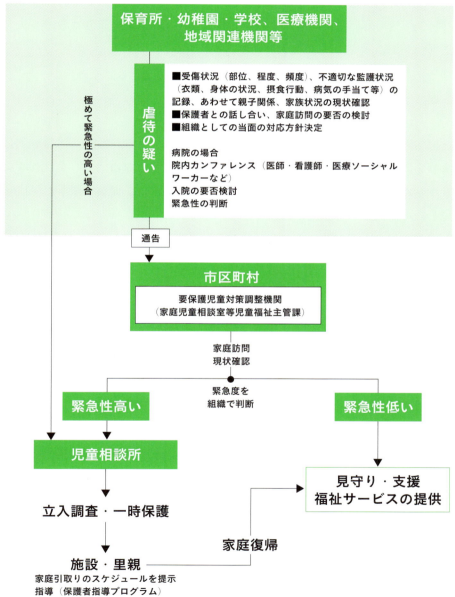

図表 4-2　通告までの流れ
出典：愛知県健康福祉部児童家庭課『あいち子どもの虐待対応マニュアル：市町村向け』10頁、2005年を一部改変

保育所等が虐待の疑いをもった場合、①子どもの受傷状況を確認し、②保護者と話し合い（虐待が疑われることへの確認）、組織としての対応を協議しつつ、通告を行います。①と②の状況について、緊急性が高いと判断されれば、通告先は児童相談所になります。緊急性が高くないと判断した場合は、通告先は市区町村の家庭児童相談室など要保護児童対策調整機関（要保護児童対策地域協議会）となります。

児童相談所に通告を行った場合でも、緊急性が高くないと判断されれば、児童相談所から市区町村にケース照会（見守りや支援の要請）が行われます。逆に市区町村が通告を受けた場合でも、緊急性が高いと判断されれば、市区町村から改めて児童相談所に通告がなされます。緊急性の高低は虐待のリスク判断（91頁）で説明したとおりです。

（2）通告と通告後の対応

通告を受けた市区町村（家庭児童相談室等児童福祉主管課）は家庭訪問や保育所等を訪問し現状確認を行います。保育所等は現状確認に協力しなければなりません。緊急性が高いと市区町村が判断した場合は、児童相談所が現状確認し、その場で一時保護される場合もあります。

地域や保育所等以外から市区町村や児童相談所に通告が入り、担当者（ケースワーカー）が保育所等に現状確認に来る場合もあります。

❶通告先

「虐待がローリスク、ハイリスク、中〜軽度虐待」の場合は、市区町村（家庭児童相談室等）への通告となります。「中〜軽度虐待、重度虐待、最重度虐待」の場合は、児童相談所への通告となります。

これらは目安であり、通告先は、児童相談所と市区町村のどちらでもよいことになっています。しかし実際には、児童相談所が、保育所等のある市区町村から遠隔地にある場合もあります。その場合は、市区町村に通告すると同時に、児童相談所にも通告をすることがあります。

❷対応

虐待がローリスクやハイリスクの場合は、市区町村（家庭児童相談室等）が対応するのが原則となっています。児童相談所に通告した場合には、通告を受けた児童相談所から市区町村に連絡が行き（ケース照会）、市区町村が主となって、事実確認と情報共有を行うよう依頼されます。過去に他の市区町村

等で被虐待歴があることが判明した場合や、きょうだいへの重度な虐待があった場合等、何らかの理由で重篤度が高いと判断されれば、市区町村が児童相談所と協議を行い、児童相談所が介入する（一時保護等を含む）場合があります。

通告後は、市区町村の要対協でケース検討会議がなされます。ケース検討会議では、3か月程度に期間を区切って支援計画を検討するため、保育所等

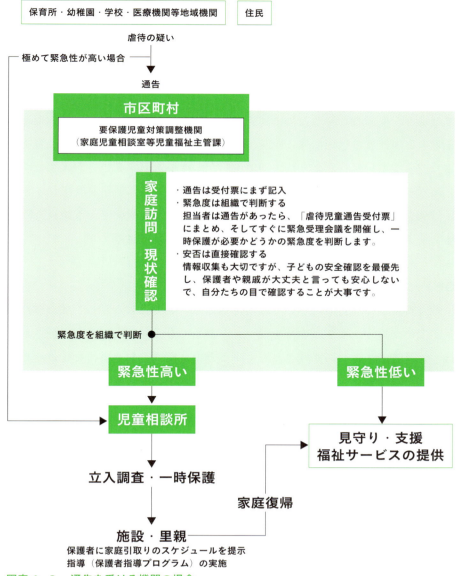

図表4-3　通告を受ける機関の場合
出典：愛知県健康福祉部児童家庭課『あいち子どもの虐待対応マニュアル：市町村向け』8頁、2005年を一部改変

の職員の出席が求められる場合があります。実務者会議では、市区町村の保育課等が保育所等の情報を会議で提供し、今後の支援計画を立てます。そのため、保育所等で把握している情報は市区町村に提供します。

　虐待が重度、最重度の場合、児童相談所がただちに介入します。児童相談所の担当者（ケースワーカー）が保育所等を訪問し、子どもの状態を現状確認します。その際、虐待の程度が重篤と判断されれば、保育所等からそのまま一時保護になる場合もあります。

❸保護者への対応

　保育所等が通告をした場合、保育者は保護者との対立は避けたいと考えるため、その事実を保護者に伝えることを躊躇することがあります。しかし、保護者は通告されたことを感づいたり、「通告しただろ!」と訴えてくる場合もあるため、遅かれ早かれ保護者と向き合う必要があります。そう考えると、通告したことはできるだけ早めに保護者に伝えるべきでしょう。子どもだけではなく、保護者を守るために通告をしたこと、専門機関が支援することで子どもと保護者の状況に適した支援が提供されること等をていねいに説明します。すでに説明したように、毅然とした態度で対応することが大切です。

　保護者は納得しないかもしれませんが、保育者として親子を支援するという信念をもって、繰り返し説明する姿勢が大切です。説明を行う職員を園全体で支えるというチームワークの意識を強めることも重要です。

❹きょうだいへの支援

　残されたきょうだいについては、日常の保育を提供しながら、変わった様子がないか見守ります。虐待を受けていなくても、きょうだいが保護された後、保護者のストレスが残されたきょうだいに向けられ、虐待を受け始めることも想定されます。子どもが保育所等で不安な状態に陥らないように、保育者は子どもが安心と安全を確認できるようにかかわります。

I.導入編 　II.実践編 　III.応用編

5 発見・通告から対応までの流れ

（1）対応の流れと課題

　発見から通告、通告後の対応について、最後に一般的な流れを確認しておきましょう。自身の保育所等で実践できているか、課題はどこにあるのか確認してみましょう。

❶発見

　保育者は毎日親子と顔を合わせます。特に子どもは、登園時に心身の健康状態を確認します。この際、子どものけがやあざの有無や、衛生状態に注目します。同時に保護者の様子も確認します。

　けがやあざの場合は、たとえ「転んだ」「ぶつけた」「けんかした」と理由がはっきりしている場合でも、その情報を職員間で共有します。朝に対応する保育者が子どものけがやあざを発見した場合は、必ず担任に報告し情報を共有します。担任は、子どもの様子を見守り、場合によってはけがやあざの理由を本人に尋ねます。

❷緊急性の判断

　身体的虐待や性的虐待の場合、虐待の事実が判明した時点で通告を行うのが原則です。虐待は繰り返されることが多いので、発見された時点ですでに虐待的行為が家庭内で繰り返されていたと考えるべきです。性的虐待の場合、スキンシップなのか性的虐待に当てはまるのか、判断が難しい場合がありますが、子どもから訴えがあれば虐待として対応を進めます。

　虐待の発見は、疑われる時点で行われる可能性が高いので、疑わしい場合は通告を検討することとなります。けがやあざの重症度（特に、道具を用いて叩く等）が高い場合は、園内で緊急のケース検討会議を開きます。

❸情報の共有

　通告にあたっては、発見時の状況と事実関係の情報を共有するとともに、過去の親子の様子で特筆すべき点がなかったかを確認し、過去にも疑わしい状況があったことがわかれば通告の根拠に含めるようにします。

　保育所等には多くの職員がいます。担任や保育者以外の職員でも、虐待を

受けている子どもと保護者の様子を見ている可能性があります。しかし気になることがあっても、日常業務の中ではなかなか共有できないことがあります。そのため、虐待が疑われる段階になって初めて「あの時こういうことがありました」と、職員がもっている（気づいていた）情報を共有することができるのです。入園から現在までの親子の様子、家族関係や家庭環境の変化等、知り得る限りの情報を整理します。その際アセスメントシートは、事実関係を補強する重要な資料となるのです。

❹園全体・組織による決定

　集められた情報をもとに、通告の判断を行います。最終的な判断は園長になります。緊急性や深刻度の判断とともに、たとえ緊急性は高くなくても、虐待が疑われる行為が繰り返されていたり、何か不安な様子がある場合は通告の判断をしましょう。そうすることが子どもを守ることにつながり、保護者の支援にもなります。通告によって、多くの専門職が子どもと保護者を守ることになるのです。

❺通告先

　通告先は市区町村になりますが、重度・重篤な場合は警察や児童相談所に直接通告します。保育所等が子どものけが等で重症と判断し通告した場合、児童相談所が保育所等を訪問し、職権で一時保護を行うことがあります。警察は、警察が保育所等を訪れて子どもを保護した後に、児童相談所に身柄つき通告を行います。保育所等から病院を受診した結果、病院が児童相談所に通告する場合もあります。

　このように、重度で緊急性が高い場合には、市区町村を通さず、児童相談所に直接通告がなされます。しかし、児童相談所が一時保護の措置をとった後でも、虐待の事実確認は児童相談所と要対協で協働して行います。保育所等は児童相談所と市区町村に同時に通告を行います。

❻関係機関との協議（保育所等の役割分担の確認）

　繰り返し通告して見守りをかけていたケース以外で、通告後ただちに一時保護になるケースは少ないと考えてよいでしょう。多くのケースは、通告後、家庭児童相談室・保健センターや児童相談所とともに、ケースの見守りを行います。

　まず、保育所等で把握された虐待の事実関係、保育所等での子どもと保護者の様子について情報を共有し、保育所等で行うべき役割を確認します。保

育所等は、子どもへの虐待が疑われる状態が改善に向かうのか、深刻にならないかを「見守る」こと、改善に向けて「支援する」ことの両方が期待されます。

「見守り」は、保育所等と市区町村が、ケースごとに虐待のリスクと程度（軽度、中度、重度）について判断（基準や目安）し要対協で共有します。そして、報告と情報共有を密に行う期間と共有する方法を打ち合わせます。電話による報告か、市区町村の担当職員に伝達するのか方法を決め、保育所等での子どもと保護者の様子等について共有する方法を決めておきます。

「支援する」とは、市区町村の家庭児童相談室・保健センター等関係機関と要対協の協議に基づいて決められた支援を保育所等で提供することです。子どもへの保育は、一般的な保育と並行して愛着の回復を意識した保育者のかかわり（1対1の愛着の形成、リズム体操等を組み入れた情緒の安定等）が考えられるでしょう（詳しくは第5章参照）。保護者への支援は、保育所等への送迎時の保護者と子どもの様子を観察し、職員から子どもと保護者への声かけや子どもの体調や家庭での養育状況について聴き取りをしながら、保育者との信頼関係が高まるようにします。

登園が途切れがち（休みがち）なケースは、家庭訪問についてその頻度や役割分担を要対協を通して検討しておく必要があります。保育所等への送迎を含めた家庭訪問は、保育所等が行うことが期待されます。しかし、家庭訪問のために職員を雇用している保育所等はありません。送迎の間の保育はどうするのかを園内で検討する必要があります。

物理的に家庭訪問が困難な場合（家庭が遠方、職員不在等）は、要対協の関係機関と役割について協議します。家庭児童相談室や保健センターの職員が家庭訪問をして状況を確認することはありますが、保育所等への送迎はほとんどの場合行われません。自治体によっては、家庭支援保育士を小中学校区ごとに配置し、地区の保育所等を巡回しながら支援の必要な家庭へのかかわりについて保育者に助言を行う、送迎等に親子の援助を行うなどの対策をとっています。

❼保育所等での役割の確認

園長や副園長、主任、リーダー、担任、朝・夕担当保育者等、職員で役割を確認します。対外的な連絡窓口については、複数名決めておきます。通告ケースについて関係機関から問い合わせがあった場合、担当者不在で連絡ができない状況では、支援や介入のタイミングを逃すリスクがあります。職員全員が対応できるようにするのが理想ですが、難しい場合には、窓口役の職

員をシフトで配置する等の分担が必要になります。

　子どもと保護者への対応は担任保育者が中心に行いますが、複数の職員でチーム対応することが重要です。重症度が高いケースについては、必ず複数の目で確認します。担任保育者に負担がかからないように、保護者については2人以上の職員が一緒に対応するなどのチームワーク意識をもつことも大切です。

（2）保育所等の守備範囲を明らかにする

　通告は迷います。通告した後、関係機関が子どもと保護者にどのような支援を行うのか、通告をする時点ではわからないためです。通告後に行う支援の有無を含めて、保育所等は児童相談所や家庭児童相談室にその後の支援の方針を委ねるしかありません。それにもかかわらず、通告を行った結果、児童相談所や市区町村の通告先（家庭児童相談室や保健センター等）から、明確な支援方針が伝えられないばかりか、「しばらく保育所等で様子を見守ってほしい」としか言われない場合もあります。家庭の見守りを依頼した関係機関から、逆に見守りを依頼されてしまうことも起こり得るのです。

　こうした見守り対応を依頼されることを含めて、保育所等は通告するにあたり、以下のポイントを整理し、保育所等としての守備範囲を明らかにしておくとよいでしょう。

● 子どもと保護者それぞれに保育所等でできる支援は何か（どのように見守るのか）
● 子どもと保護者それぞれに保育所等でできないことは何か（どうなれば再度通告を行うのか）
● 他のどの機関に子どもと保護者を支援する役割をお願いするのか（関係機関は親子にどのような支援を行うのか）
● 誰（支援者）とどのような役割を分担するのか（保育者はどの機関と連携をとればよいか）
● 連携や協働方法の回数や頻度はどうするのか（見守りの経過を誰に連絡・報告・相談するのか）

　保育所等が積極的に要対協をはじめとする関係機関に役割の分担を提案をしていく姿勢を示すことは、子どもの生命、生活、発達・成長の権利を擁護する施設の責務であると自覚しましょう。　　　　　　　　　　　◆

Ⅱ 実践編

　保育所等では、実際に虐待を受けた子どもを受け入れ、保育を通して継続的支援をすることが増えています。保育者は保護者にはどのような支援を行えばよいのでしょうか。子どもと保護者への支援とあわせて考えます。

第 **5** 章

虐待を受けた子どもと保護者への継続的な支援

1 保育所等で子どもを見守る

（1） 保育所等の利用要件の拡大

※児童福祉法第24
条第4項

　2015年にスタートした子ども・子育て支援新制度により、保育所等の利用
要件が拡大されました。また児童福祉法では、虐待が疑われることを入所要
件とすることが規定されています※。このような制度と法律が整備されるこ
とで、虐待を疑われる家庭の生活を安定させ、虐待の再発を防ぐことを目的
とした保育所等の利用が進められるようになっています。

　第4章で学んだように、保育所等は子どもの虐待を早期に発見し、通告を行
う責務があります。しかしこれまで、通告後に行う保育所等での子どもと保護
者に対する支援の考え方や方法について具体的には示されていませんでした。

　虐待を受けた子どもが保育所等を利用するケースは、大きく分けると次の
3つになります。

①子どもを家庭から分離せず、在宅で支援するために保育所等を利用する

②子どもを家庭からいったん分離（一時保護）し、その後子どもが家庭に戻っ
た後に保育所等を利用する

③子どもが乳児院や児童養護施設、または里親家庭での生活から家庭に戻っ
た後に保育所等を利用する

　このように保育所等は、虐待を受けた子どもと虐待をした保護者の家庭で
の生活を支えるための専門施設と位置づけられています。次に、虐待を受け
た子どもと保護者への支援について順を追ってみていきましょう。

（2） けがやあざ、ネグレクトの確認（現状確認）

　保育所等で虐待に気づき、市区町村（福祉事務所や家庭児童相談室、または保
健センターなど：以下、対応機関）に通告すると、対応機関の担当者が保育所等
を訪問します。厚生労働省による児童相談所等への通達によれば、通告を受
けた対応機関と児童相談所は、原則的に24 ～ 48時間以内に子どもの安全を
確認することになっています（時間ルール）。しかし、けがやあざ、ネグレク
トなど、虐待を疑われる状態が軽微と判断された場合、保育所等は保育を行
いながら見守りを継続するよう対応機関から依頼を受けます。

　依頼を受けると、保育所等は子どものけがやあざ、ネグレクトなどの状況

を写真等の記録に残しておきます。通告後の見守りであっても子どもに心配な状態があれば、早めに対応機関に知らせて現状確認をしてもらうように依頼します。対応機関も忙しくしていますが、躊躇せずに訪問日時の確約をとりましょう。

　緊急性を伴わない場合も、保育所等と対応機関の複数の目で現状確認し、アセスメントシートを使って虐待の重症度（軽度・中度・重度）を確認します。これにより、その後の子どもと保護者の様子を継続的に確認できるようになります。

（3）家庭訪問による安全の確認（現状確認）

　虐待やネグレクトが疑われる子どもが登園しない場合、保育所等は家庭訪問を考えます。誰が家庭訪問をするのか判断しなければなりませんが、保護者との関係を考えると、担任と主任が中心となった家庭訪問になるでしょう。担任が保育で手が離せない場合や担任と主任が保護者と対立するなど、ケースの特徴によっては園長が訪問します。

　訪問の前には、虐待やネグレクトが疑われる子どもが登園していないことを対応機関に知らせておきます。訪問に際して保護者の抵抗が予想されたり、子どもの状態が危ぶまれる場合には、対応機関と一緒に訪問をするようにします。しかし、保育所等とは異なる対応機関が訪問することは、保護者の不信感や警戒心を強めることになります。保護者の話を受け入れる役と保護者と対立しても虐待の疑いを伝える役との役割分担を確認した上で訪問するのが望ましいでしょう。保育所等の職員だけでは現状確認がしにくい場合（子どもに会わせてもらえない、家の中に入らせてもらえない、話を聞くことができないなど）も同様に対応機関と役割分担を協議します。

　保育所等から連絡を受けた対応機関が、保育所等に連絡をしないまま家庭訪問を行い、訪問の理由を「保育所等から連絡（通告）を受けたため」と話してしまうと、保育所等と家庭の信頼関係が一挙に悪化します。こうしたことを防ぐためにも、役割分担や連携の方法を事前に確認しておくことは安定した支援を継続させるために必須といえます。

（4）保護者と子どもの特徴の共有

❶子どもの育てにくさを理解する

　保育者は、保育の中で見える子どもの様子について保護者に伝えます。虐

待が疑われるような不適切なかかわりをする保護者の中には、子どもの育てにくさをすでに感じている場合があります。そして、子どもの特徴を理解できていないために、しつけが厳しくなるという悪循環を繰り返しています。同様に、子どもが発達の中で示す行動について誤った解釈をしている場合もあります。

　保護者が育てにくさを抱くのは乳児期、幼児期のさまざまな場面です。乳児期は視線が合わない、抱っこをしても泣き止まない、追視をしないなど、親子の交流が感じにくくなる時期です。幼児初期になると、イヤイヤ期に見られるような「子どもの反抗的な態度」に感情的になることがあります。保護者がこうした育てにくさの話をした時は、保育者が子どもの発達について説明した上で、保護者の心情を受け止めます。保護者の気持ちが落ち着いているようであれば、保育者は子どもの気持ちを代弁します。

　自閉スペクトラム症候群など、子どもの発達の偏りを保育者も感じる場合には、その子どもの特徴を理解するためにケース検討会議等を開き、園内で共通理解をもちます。その上で子どもの特徴の保護者への伝え方などを、担任、主任、園長などで協議をします。一般的な発達上の特徴であれば、例えばイヤイヤ期は、子どもが保護者を嫌いになったのではなく、自分の気持ちや思いがわかるようになってきたためで、いわば子どもの力試しであり、保護者が受け入れてくれるかどうかを確認するためであることなどを伝えます。

　あるいは、子どもがいつまでも保護者に甘えてくるのは、子どもの育つ力が弱いのではなく、不安や不快な気持ちを解消したい行動であるなど、保護者からの愛情を子どもが補充したい場合が多いことなどを説明します。

❷虐待の可能性を疑う

　子どもは、家庭で受けている影響を保育のさまざまな場面で表します。適切に養育されていないと、トイレや着替えなど、自立や生活のためのスキルが身についていなかったり、身についていたことができなくなることもあります。家庭で十分に食事を与えられていない場合、子どもは昼食時などに多食傾向を示します。

　保育者との関係でも、家庭の養育の不適切さをうかがい知ることができます。抱っこに慣れていない（抱っこされていない）、大人が近寄ると怖がる、誰にでもべたべたする(誰とも親しくなろうとしない)などは典型的な例でしょう。乱暴な言葉を使う場合は、日常的に保護者から同じような言葉を言われている可能性もあります。

こうした生活スキル、人間関係、言動などから不適切な養育が疑われますが、保育者はそのことをしっかりと保護者に伝えます。保育所等は、保護者を非難し指導する場所ではありません。子どもの様子を伝えて理解を促す場所です。保護者によっては、保育所等の子どもの様子が家庭での様子と違うために、逆に保育所等に問題があると訴えるかもしれません。

子どもの様子を理解するには時間も必要です。保育者は子どもの状態が悪くなっていないかというアンテナを張りながら（観察と情報収集）、保護者にはわかりやすい表現を使って気になっている子どもの様子を伝えることが必要です。

子どもが発達年齢に応じた生活スキルを身につけていない場合、保育でできないことにパニックになることがあります。逆に、やろうとせずに自分の殻に閉じこもる態度を見せることもあります。虐待が疑われる子どもの場合は、特に保育者との関係や子ども同士の関係などに着目します。着目するポイントは、アセスメントシート（72頁参照）を参考にするとよいでしょう。

（5） 児童相談所や福祉事務所等への通告

虐待は匿名通報も認められているため、保育所等が通告したことを保護者に伏せておくことも可能です。保護者との関係が悪化することを恐れて、通告したことを保護者に伝えない場合があります。しかし、通告したことを告げることは、虐待から子どもを守るだけでなく、保護者を加害者にしないためにも必要です。「あなたと子どもを守るため」「専門の機関と一緒にあなたと子どもを支えるため」と、保護者と子どものために通告を行ったと伝えるように努めましょう。

通告を受けた市区町村や児童相談所は、誰から通告を受けたのかを保護者に伝える義務はありません。しかし、通告者を特定しないまま家庭や保育所等を担当者（ケースワーカー）が訪問すると、保護者は警戒心を強めます。保育所等から通告を受けたことを伝えた上で「保育所等と一緒にお子さんとご家庭を支えていきたいのです」と保護者に話し、保育所等が対応機関と一緒に子どもと保護者に向き合っていく姿勢を示します。そうすることで家庭と保育所等と対応機関の協働的な関係ができるのです。

明らかに虐待が疑われるわけではないけれど子どもの様子が気になる、子どもと保護者への対応を相談したいという場合は、通告ではなく情報提供という方法もあります。子どもと保護者の様子を情報として提供し対応を相談する場合も、保護者にその旨を伝えるのが望ましいでしょう。　　　　◆

2 児童相談所の介入から保育所等利用までの流れ

（1）児童相談所による介入
――虐待通告後の対応・支援の流れ

※1 児童虐待防止法第5条、第6条

虐待が疑われた場合の発見・通告[※1]から介入までの経過は、第4章で示したとおりです。ここでは、児童相談所が相談・通告を受理してから対応が終結するまでの流れを、①保育所等を利用していない子どもが保育所等を利用するまでの対応、②すでに保育所等を利用している子どもに虐待が疑われた場合の対応という2つに分けて紹介します。

相談・通告が受理されると、児童相談所では初期対応を協議するための「受理会議」が開かれます。受理会議を経て、緊急性を判断し、安全確認の時期、安全確認の方法を決定するための情報を収集する「安全確認」と「初期調査」を行います。その後、初期調査を整理し、「支援方針」を決定します（図表5-1）。

※2 児童福祉法第27条、第27条の2 児童虐待防止法第8条

「援助・介入」は、「個別ケース検討会議」を開き、家庭訪問、保育所等への訪問、保護者への面接・助言指導の方針に従って行われます[※2]。援助・介入等の支援は、要保護児童対策地域協議会（要対協）の対応機関を通して「進捗管理」がなされます。虐待のおそれがなくなったと判断されれば、要対協で「終結が決定」されます。

図表5-1　児童相談所の対応の流れ

❶保育所等を利用していない子どもが保育所等を利用するまでの流れ

※3 児童福祉法第25条の8第3項 児童虐待の防止に関する法律第8条の2第3項

※4 児童福祉法第25条の7第2項

保育所等を利用していない子どもに虐待の疑いが生じたケースで、「援助・介入」が検討され、「支援方針」として保育所等の利用が妥当と判断された場合[※3]、児童相談所から要対協の対応機関（家庭児童相談室等）にケースが紹介されます[※4]。対応機関と保護者が話し合い保護者が了解した場合、市区町村の調整を経て保育所等への入所が決定します。保護者が利用を拒否した

場合には、児童相談所と対応機関による在宅での見守りが継続します。

❷すでに保育所等を利用している子どもに虐待が疑われた場合

保育所等を利用している子どもの通告は、児童相談所と対応機関で情報が共有されます。緊急性が高いと判断されれば児童相談所、低いと判断されれば児童相談所と対応機関のどちらかが、子どもの「安全確認」のために「初期調査」を行います。

保育所等が通告した場合、初期調査は子どもが登園している保育所等で行われます[5]（立ち入り調査）。緊急性が高いと判断されれば、その場で一時保護され、医療機関で診断を受けるなどの対応がなされた後、子どもは一時保護所へ移されます[6]（一時保護）。緊急性が低いと判断されれば、保育所等は対応機関から引き続き見守りを依頼されます。

※5 児童福祉法第29条
児童虐待防止法第9条

※6 児童福祉法第33条

（2）一時保護と一時保護解除後の家庭での見守り

❶一時保護

一時保護は、保護者の同意がなくても児童相談所の職権で行われます。一時保護の期間は、原則2か月間です。児童相談所長と都道府県知事が認めた場合のみ、期間の延長が可能です[7]。一時保護は一時保護所で行われるのが一般的ですが、緊急性が高く、一時保護所まで遠い場合は警察署、医療機関、児童福祉施設、里親家庭等に一時保護を委託できます。

一時保護の際、児童相談所は一時保護の理由、目的、期間、入所中の生活について保護者に説明し、同意を得る必要があります。しかし、緊急保護等の場合は、身柄の安全確保を優先します。保護者の同意を得ずに一時保護を行った場合には、保護者と対立することがあります。一時保護の期間中、子どもの籍は保育所等にあります。保育所等が通告した後に一時保護された場合には、保護者の怒りが保育所等に向けられる場合があります。

そのため保育所等は、通告をした理由についてていねいに説明を行い（107頁参照）、保護者の怒りや悲しさを十分に受け止めます。一時保護の判断は児童相談所が行いますが、子どもの特性を理解し、親子が距離をおくために必要な処置であることを保育の立場から説明することは保育所等の大切な役割です。ていねいな説明を行うことで、一時保護が解除された後も保育所等との信頼関係を継続することができます。

※7 2か月を超えることが保護者（親権者）の意に反する場合には、2か月を超えるごとに児童相談所長又は都道府県知事は家庭裁判所の承認を得なければなりません。（平成29年改正児童福祉法第33条第5項）

❷一時保護の解除

　一時保護の目的（子どもの安全確保、子どもの行動観察、養育環境の改善など）が確認されると、子どもは家庭に戻ります。一時保護の解除について、児童相談所や対応機関が保育所等に伝える義務は特にありません。事前に保育所等に知らされる場合がある一方で、知らされないままに、ある日突然、保育所等への通所を再開する子どももいます。

　子どもは短期間のうちに、一時保護所と家庭という異なる場所での生活を経験します。制限された一時保護所の生活から家庭に戻り保護者と生活できるのは、子どもにとって安心できることかもしれません。しかし、一時保護所のほうが安心できたと感じる子どもがいることも、保育者は忘れてはいけないでしょう。

　一時保護所での生活を話せる子どもであれば、子どもから話を聴くことも必要です。一時保護での子どもの生活を想像することは、保育所等でその子どもの保育を引き継ぐ際の参考になります。

（3）児童養護施設・乳児院・里親から家庭引き取りへ

　入所していた施設や里親家庭から子どもが家庭に復帰する場合です。一時保護と異なり、施設措置の期間は決まっていません。原則、施設入所措置（以下、里親委託も含む）は保護者の同意が必要です[8]。しかし、保護者の同意が得られない場合、児童相談所は家庭裁判所に審判を申請します[9]。

　審判で入所が認められた場合の入所期間は、原則2年間となります。施設に入所する場合、子どもは利用していた保育所等をいったん退所となります。そのため、退所後に保育所等を利用する場合は、市町村窓口を通した申請が必要です。保育所等への入所を条件に施設の退所が認められるケースも少なくありません。

　退所した子どもは施設の生活から家庭での生活に戻り、環境の変化に戸惑うことがあります。外泊などを通して、入所中から親子の交流は図られていますが、同居を再開すると親子関係にストレスが生じやすくなります。保育者は親子をしっかりと受け止めながら、少しでも変わった様子を感じることがあれば園内で情報を共有し、必要に応じて児童相談所や対応機関と連携しながら子どもと保護者を見守ります。

※8　児童福祉法第
27条第1項第3号

※9　児童福祉法第
28条第1項第1号

| I.導入編 | **II.実践編** | III.応用編 |

（4）里親家庭の見守り

　一時保護や入所している施設から家庭に戻らず、里親委託になるケースも少なくありません。子どもが18歳になるまで養育する養育里親と、普通養子縁組や特別養子縁組を前提とした里親委託があります。親族里親もあります（里親の手続きをしないまま親族に引き取られる場合）。里親委託のケースの場合、市町村の窓口と園長は里親家庭であることを承知していますが、保育者までは情報が伝わらないこともあります。気になる子どもの情報を園内で共有した際に里親家庭であることが判明することもあります（図表5-2）。

　保育者として大切なのは、里親家庭を特別視しないことです。一般の保護者と同様に、子どもの育ちを共有しましょう。里親ならではの困難を相談された場合は、一人で判断せず園長をはじめ園内で検討します。里親の支援は、児童相談所の里親担当ケースワーカー、子どもが入所していた施設の里親支援職員、児童相談所の委託を受けた法人や団体が行っている場合もあります。保育所等はこれらの専門ケースワーカーや職員、団体と連携をとりながら、保育を通して里親家庭を支援する方法を考えます。　　　　　◆

養育里親	実親が引き取る見込みのある子どもを実親のもとへ家庭復帰するまで、あるいは18歳まで家庭内で養育する里親
専門里親	一定期間、里親としての養育経験や児童福祉分野の経験がある者が、専門的な研修を修了した上で登録される。児童虐待等により心身に有害な影響を受けた児童、知的障害をもつ児童、非行傾向をもつ児童などを預かり養育する里親
普通養子縁組	一般的な養子縁組と同じ。血縁上の親と法的な親子関係はなくならない
特別養子縁組	養子としてではなく、子を自分の実の子どもと変わらない状態で育てること、血縁上の親との法的な親子関係は切れる
親族里親	両親が死亡・行方不明等（疾病による入院や精神疾患により養育できない場合も含む）で児童を養育できない時、児童の3親等以内の者が代わって養育すること

図表5-2　里親等の類型

3 保育所等での支援・子どものケア①

（1）虐待を受けている子どもの特徴

　虐待を受けている子どもの特徴を理解する視点として「体験の不足」があります。「体験の不足」とは、虐待や不適切な養育環境で育った子どもは生活体験として、情緒的な安らぎを保護者から受けてこなかったことを意味します。具体的には食事や排せつ、睡眠、清潔、看護など、細かな世話やケアを受けてこなかった、楽しみやうれしさ、ホッとする安心感といった心地よい刺激を受けずに放っておかれたことなどです。

　このような安心できる体験が不足すると、子どもの脳はちょっとしたストレスでもイライラや衝動性を表すように反応します。これは、ストレスを受けた時に、身近な大人のケアを受けて安心できた体験を脳が学習できていないためだと考えられています。緊張の緩和ができず、身体の動きもぎこちなくなります。他者の動きに合わせる協調性が乏しく、保育の流れについていけない状態も起こり得ます。それがさらなるストレスを生み、衝動性を高めるという悪循環を繰り返します。

　保育所等では日々の保育場面で、不安を感じても衝動を落ち着かせてもらえるという愛着関係を子どもに体験させることが重要です。愛着関係をベースに遊びでの試行錯誤、成功体験、基本的な生活習慣を保育者にサポートしてもらうことで、他者との協調性や生活のリズムが獲得できるようになります。

　保育所等では、子どもの体験不足を補う保育環境を整えながら、次に紹介するような子どもの心の特徴に配慮することが大切です。

■愛着
図表5-3を参照

❶安定した二者関係が築きにくい（愛着と愛着障害の理解）

　保育者との間で二者関係ができにくい例として、「場当たり的な甘え」「執拗な試し行動」「愛着行動を起こさない」などが代表的です。

場当たり的な甘え

■脱抑制型
図表5-5を参照

　目の前に現れる大人につきまとい、一人占めしようとする行為です（脱抑制型の愛着）。人懐っこいように見えますが、安心できる愛着関係が築けてい

ないために、その場限りの甘えられる関係を求め、大人への態度を変えていきます。周囲の状況に振り回されることが多く、情緒的に常に不安定です。

保育者は、「○○ちゃんと一緒で楽しいよ」と、積極的に声をかけるようにします。楽しそうな時だけでなく、不機嫌になった時にもそばを離れず、子どもの気持ちが少しずつ落ち着くのを待つ関係づくりが大切です。

執拗な試し行動

自分を受け入れてくれそうな大人に対して、求めている親密さとは逆に暴言を吐いたり攻撃をして、自分を受け入れてくれるのかを試す行為を繰り返します。子どもが大人に関心をもとうとするほど、その大人への試し行動はエスカレートします。

安定した愛着関係を体験していない子どもは、どんなに大人がやさしくしても、最後に自分は裏切られるはずだという強い信念に支配されています。大人の揺るがない受容的な行為に不安を感じるために試し行動を繰り返し、その結果、大人を怒らせて「やっぱりそうだった（自分は裏切られた、嫌われた）」と安心することさえあります。

保育者は、子どもが甘えを出せるようになるまで根気よくかかわり続けることになりますが、子どもの試し行動に情緒的に揺さぶられることが多くあります。職員同士で支え合い、心の余裕を確保しながら、安定したかかわりが保たれると、子どもは少しずつ甘えや遊んでほしい欲求を出せるようになります。

愛着行動を起こさない

子どもが大人に甘えた結果、大人からつらい扱いを受けるなどして自分が傷つくことを恐れるために、子どもは大人に甘えたい時に甘える（愛着行動）を起こせなくなります。大人との心地よい体験を積み上げていないと、子どもは積極的に愛着関係を求めなくなり、自閉的にさえなります（抑制型の愛着）。発達などの偏りが見られない場合は、保育者は子どもの好きな世界や遊びを共有し、身体を動かす機会を増やします。大人との一体感をつくることが、愛着関係をつくると考えられています。

■抑制型
図表5-5を参照

次に、愛着と愛着障害について理解を深めましょう（図表5-3）。

愛着（アタッチメント）	精神科医であるジョン・ボウルビィ（Bowlby, J.）が1960年代に提唱した考え方で、「子どもと養育者との間で交わされる情緒的交流」をいう。愛着（アタッチメント）は「くっつく」という意味で、不安なことがあった時に、子どもにとって安心できる人に「くっつく」ということである。 ０歳児を例に考えると、乳児は常に身のまわりの状況の変化に不安や危機を感じて泣く。その時、保護者や祖父母、地域の人など、子どもと接する養育者が「大丈夫だよ」と抱っこすると、子どもは安心して落ち着く。これが愛着の形成である。養育者が、子どもが泣いている理由（欲求）を感じとり（感受性）、欲求に応じた対応（応答性）をする時に子どもは安心し、泣き止む。そのため養育者には、感受性と応答性が求められる。 １歳半〜２歳になって子どもが活動的になると、養育者から離れて遊ぶことができるようになる。遊びが終わると養育者のもとへ戻ってきたり、嫌なことがあると泣きながら戻ってきてケアを求める。養育者は子どもの欲求を感じとり、例えば「痛いの痛いの飛んでいけ」と言って、痛みを共有しながら子どもの気持ちを切り替える。こうした安心のサイクルを繰り返すことで、子どもの中で愛着（行動）が構築されていく。
愛着の歴史的経過	愛着は母親との間だけで成り立つものではなく、母性神話を助長するものではない。ボウルビィが愛着の理論を提唱した1960〜70年代は、欧米では女性の社会進出、女性の権利回復の運動が起こっていた。ボウルビィの説は、愛着における母性の重要性を説いていたため、母親が子どものそばにいるべきだという３歳児神話が誤解される形で広がった。その結果、愛着理論は歓迎されず抑圧された。 しかし現代は、家族形態も多様化し、女性の社会進出も目覚ましく、母親だけが子育てをする時代ではなくなった。子どもは保護者、保育者、養育者に守られる中で愛着を獲得するという考えに見直されるようになった。 その１つが、子どもの「養育者」は複数存在する、子どもにはさまざまな愛着対象が存在してもいいという考え方である。保育者や保護者の代わりになる人が周りにたくさんいて、その人々が子どもへの感受性と応答性が高いことが大切ではないかと考えられるようになった。 日本の子育てをひも解くと、昔は子どもの周りに母親の代わりになる人がたくさん存在した。田植えをしている横で、傘の下でかごの中に入れられている赤ちゃんが泣くと、一番お乳が張っている女性があげる習慣をもつ地域もあったようである。乳母、名付け親、拾い親、ユキアイ（行き逢い）親などと呼ばれる大人がいて、地域の中で子どもを育てていた。現代社会では、保育者がその役割を担っているといえる。
愛着の人格形成	愛着が育つと、生涯にわたって人や社会への信頼体系、人を信頼するという認知の回路がしっかりと発達していくと考えられている。愛着は、自分が困った時に周りの大人は支えてくれるだろうという「信頼系」を育てる。愛着は、自分は周りから支えられる存在だという自己信頼感と、自分の周りの大人が、いざとなったら助けてくれるという社会的な信頼感を子どもの中に育てる。これはほとんど、無意識的な活動といえる。 逆に意識するのは、不幸や不快があった時である。事故や犯罪に巻き込まれる、信頼している人から裏切られるという体験（トラウマ的体験）は、愛着を崩壊させ、疑いを強め、結果として人や周囲に対する不信感が強くなる。周囲のケア＝愛着を回復させるための支えを受けると、再び愛着は形成される。 愛着の育ちは１歳半までが１つの重要な時期（臨界期）だと考えられている。ところが最近は、１歳半までに愛着がうまく育っていなくても、小学校に入るまでに養育者がていねいなケアを行うと愛着は回復するという研究もされている。この間に愛着に失敗すると、周りの人間を傷つけることを繰り返すようになり（反応性愛着障害）、その後の人格形成に大きな影響を及ぼすと考えられている。 保育者は子どもの愛着対象である。そのため虐待を受け、保護者との愛着の形成に課題をもつ子どもにとって、保育者との愛着は極めて重要になるといえる。

図表 5 - 3　愛着の基本的知識

❷子どもの愛着行動

　次に、子どもが示す愛着行動を理解しましょう。

　心理学者のエインズワース（Ainsworth, M.）は、子どもが示す愛着行動を４つに分類しました（図表5-4）。彼女が行ったストレンジシチュエーション法（Strange Situation Procedure；SSP）という実験は、おおむね１歳から２歳くらいまでの子どもとその母親がプレイルームに入って遊び、母親がプレイ

A型 (回避型)	母親との間で混乱を示さず、母親が離れても戻ってきても、子どもは関心を示さずに遊び続ける
B型 (安定型)	母親との分離の時に混乱して泣くものの、母親が戻ってくると抱っこを要求し、抱っこされるとまもなく泣き止む
C型 (不安定型)	母親との分離の時は激しく泣くものの、B型と異なり、母親が戻り抱っこされても泣き止まない。抱かれた後の方が激しく泣くこともある
D型 (無秩序型)	分離や再会の時に、母親に知らん顔をしていることもあれば大泣きする時もあるというように一定しない。A・B・C型はある程度パターン化されているが、D型は子どもの行動の予測がつきにくい

図表 5-4　愛着行動の4分類

出典：数井みゆき、遠藤利彦編著『アタッチメント―生涯にわたる絆』ミネルヴァ書房、2005年をもとに筆者作成

ルームの退室と再入室する実験です。母親が退室し、第三者が入室するパターンもあります。

　子どもとプレイルームに入室した母親は、子どもが一人で遊べるようになった頃を見計らって、部屋から退室します。その後、しばらく経ったら母親は再入室します。観察者は母親が退室した時と再入室した時の子どもの様子（母親へのかかわり）を評価します。

　この実験は、保育所等の朝夕の送迎場面とよく似ています。朝、保護者と別れる時、その後の保育者との様子、お迎えの時の保護者に対する子どもの様子と保育者からどのように離れられるかという場面です。子どもは愛着対象によって愛着の行動を変えると考えられています（例えば、祖母には必要以上に甘えるけれど、母親にはそうではないなど）。

　したがって、保護者への愛着行動と保育者への愛着行動が異なる場合もあります。子どもは保護者には不安定な愛着（A・C・D型）を示すものの、保育を続けている間に保育者には安定した愛着（B型）を示すようになることもあり、養育者によって子どもは異なる愛着行動を示します。

　A〜Dの4分類は、B型を安定型、A・C・D型を不安定型と2分類しています。愛着行動には規則性があり、エインズワースの研究では、不安定な愛着でもB型とC型は子どもの発達に影響を及ぼすものではないことがわかってきています。また愛着行動は、世代間連鎖の可能性が60〜75％程度あると考えられています。子どもは養育者（愛着対象）によって愛着行動を変化させると考えられています。したがって、保育者が安定型の愛着を子どもに示すことにより、母親との間で不安定型な子どもであっても、保育者との間で安定した愛着行動を獲得する可能性があると考えられます。

❸愛着障害

　D型は、愛着障害に至る可能性が高いと考えられています。それは、養育者の不安定さに加えて、頻繁な交代などにより養育者が一定しないことや、養育環境の不適切さが子どもの愛着の獲得に影響すると考えられているためです。子どもは保護者や大人の顔色をうかがって生きなければなりません。加えて、大人の都合に振り回されます。この体験が続く子どもは、対人感覚が麻痺し、コミュニケーションが少なくなり、嫌がることをして相手を支配しようとするなどの特徴が現れるといわれます。これが反応性愛着障害です（図表5-5）。

◇抑制型…大人（養育者）への緊張、警戒、接近・回避・気楽さへの抵抗など
◇脱抑制型…大人（養育者）への拡散した愛着、無分別な社交性

診断

子どもの特徴
① 養育環境の不適切さ
・虐待のみではなく、子どもの欲求が満たされない支配的な環境
・衣食住、衛生など、子どもの健全な発育が脅かされる環境
② 養育者の頻繁な交代（不安定さ）
・ステップファミリーなど結婚、離婚、再婚を繰り返す
・内縁関係、養親の交代が繰り返される

図表5-5　反応性愛着障害の診断
出典：数井みゆき、遠藤利彦編著『アタッチメントと臨床領域』ミネルヴァ書房、2007年をもとに筆者作成

　反応性愛着障害の特徴を乳児期・幼児期（年中・年長期）でまとめたのが図表5-6です。他者とのかかわりの弱さ、助けを求めることをしない、他者との関係のとりづらさ、情動の偏り、不器用さなどが見られます。

乳児期	幼児期
①内気、ぼんやりした表情 ②笑わない ③部屋にいる人を目で追いかけない ④「いないいないばあ」などの相互交流に興味を示さない ⑤抱き上げられる時に手を差し出さない ⑥おもちゃ遊びに興味を示さない ⑦叩くなどの一人遊び行動が多い ⑧一人にされてもおとなしくしている	①他人を避ける ②謝ることができない ③慰めに反応せず、避ける ④支援や助けを求めない ⑤不器用で不安が強い ⑥強い衝動性を示す ⑦修正することが苦手 ⑧協調性、リズム感が弱い ⑨達成感が低い（あきらめ） ⑩人の嫌がることをする

図表5-6　反応性愛着障害の特徴
出典：数井みゆき、遠藤利彦編著『アタッチメントと臨床領域』ミネルヴァ書房、2007年をもとに筆者作成

❹被虐待体験の再現（ポストトラウマティックプレイ）

　虐待の体験は、子どもの心に傷（トラウマ）をつくります。トラウマとは、人間にとって恐怖や不安を伴う記憶を指します。特に子どもの場合はトラウマ体験を理解できないため心の奥にしまい込まれます。

　しかし、何かのきっかけ（類似した場所、モノ、におい、色など）で生々しく体験が思い出されると、虐待を受けた体験を被害者の立場で怯えたり、逆に加害者の立場で再演することがあります。また、子ども同士の遊びや職員との関係の中でトラウマ体験の再演が見られることもあります。

　加害者の立場での再演とは、「バカヤロー。殺すぞ。死んでしまえ」など、突然大声を出したり、人形を叩き始めたりするなどです。保育所等で緊張から解放されると、それまで抑え込んでいた体験が再演されるのです。

　保育者は、再演が出る場面は子どもが安心でき安全を感じられていると理解し、やさしく見守ります。できる限り保育者と子どもの1対1の個別的な関係をつくって見守りながら、子どもが少し落ち着いた頃に「ここは安心できる場所だよ」「恐かった（嫌だった）ね」「先生がいるから大丈夫だよ」などと声をかけます。保育者に守られて緊張のない場で繰り返すことで、子どもは自分の気持ちを表現できるようになります。

　被虐待体験の再演をポストトラウマティックプレイ（Post Traumatic Play：PTP）といいますが、保育場面で配慮する点を図表5−7に記します。

1対1で接する	PTPが集団の場面で現れた場合は、保育者がそばに行き、子どもと1対1の場面をつくる。集団の中で続くと、他児が巻き込まれて傷つくことになる。できるだけそのままにせず、個別の世界をつくるように心がけると、子どもは落ち着きを取り戻しやすくなる。
受け止めて返す	PTPが始まったと思われたら、子どもを落ち着いた場所に誘導する。保育室の隅や別の部屋でかまわない。PTPが収まるまで、子どもを一人にしないようにする。保育者は、子どもが発する言葉を受け止めて返し、安全な関係の中で受け止められる体験を子どもに獲得させることが大切である。
長期にわたる場合もある	PTPは、いったん収まっても繰り返されることが多い。これは、何かのきっかけで新しいトラウマを思い出すためである。家庭環境の影響を受ける場合もある。保育者は先が見えずに無力さを感じ、PTPについて子どもを叱り、無視するかもしれない。保育者は自分を責めかねないため、職場で状況を共有し、支え合うことが大切である。

図表5−7　保育現場におけるPTPへの対応

❺子どもの感情を代弁する

　衝動性の強さは、感情をうまく表現できないところからきています。緊張

を強いられる場面が続き、気持ちを表出できず、表出しても受け入れてもらえない体験が続くと、子どもは自分の気持ちを素直に表現できなくなります。小さな嫌なことを抑え込み、嫌なことがたまった時に、大爆発を起こします。

　保育者は、子どもの自傷や他傷行為が見られる場合はすぐに介入します。本人が落ち着いてから、子どもが自分の感情に気づくことができるように「何があったの?」「嫌な気持ちだったのね」「腹が立ったんだね」と、子どもが感じたであろう感情を代弁します。

❻自尊感情の低さ

　「どうせ僕（私）なんかダメに決まっているし」「やる気しないし」など、子どもは投げやりな言葉で気持ちを表現します。失敗を恐れ、新しいことに挑戦しようとしません。これは、うまくいかなかった時の感情の処理方法がわからないために、新しい場面や難しさを感じる場面を避けようとする行為です。うまくいかなかった時に身近な大人から支えられる体験があれば、少しの失敗は恐れずに挑戦しようとします。虐待を受けている子どもは失敗した時に支えられた体験が少ないため、すぐに退却（回避や逃避）をしようとするのです。

　保育者は「具体的に認める（褒める）」かかわりをします。小さなことでもいいので、今できていることを言葉に出して認めることです。子どもは保育者が自分に関心をもち、保育者や職員から見守られていると感じることで、自分は受け入れられる存在として価値に気づき始めるのです。　　　◆

4 保育所等での支援・子どものケア②

（1）被虐待児への支援と教材・環境の工夫

　保護者による暴力や暴言に怯え、空腹が満たされず、心地よさを知らない子どもたちは、自分の身を守るさまざまな対処法を身につけるようになります。それは、人を信頼しない、攻撃（嫌がることを）して人を支配し、安心感を得ようとする（自分を攻撃してこないようにする）、自分や自分を取り巻く世界を信用せず期待せず、殻に閉じこもることなどです。

　保育者は、子どもの行動の背景や情緒について理解を深めます。時には子どもに気持ちを揺さぶられ、苦しくなりますが、仲間と支え合いながら自分の気持ちを安定させて子どもにかかわります。時間はかかりますが、やがて子どもは保育者に安定した愛着を示し、信頼関係を築くことができるようになります。

　ここでは、子どもをケアするためのポイントを紹介します。これらをヒントに、保育所等での具体的なかかわり方を考えてみましょう。

❶生命の安全

　まずは、子どもが保育所等に登園し続けることを目指します。連絡のないまま欠席している場合は、電話で子どもの安全を確認します。欠席が続く場合は、家庭訪問を行うかどうかを園内で検討します。家庭訪問は複数人で行い、家庭の様子や子どもの生活環境を目視し、子どもが安心して生活できているか確認します。

　保護者の養育力が低下している場合には、対応機関の担当者（ケースワーカー、保健師）と、行政の養育支援訪問サービスを導入することを検討します。保育所等では、食事の提供機会を増やす（朝食、夕食）ことも検討します。最近は、食材を無料で提供するフードバンクが普及し始め、ひとり親家庭などに配給されるケースも都市部では見え始めています。また、ボランティアの支援員が家庭訪問をし、保護者の支援を行うホームスタート（家庭訪問）が事業化されている地域もあります。保育者は、保育所等のある地域のサービスや制度について調べて整理をしておきましょう。

生命の安全を守るための対応例

● 登園時の様子を確認する（顔や手足のあざや傷、表情等）

● 衣服の着脱時に確認する（お腹、背中、お尻、足等のあざや傷）

● PTP等の観察。家族画など、家族を描いた描画をもとに評価し保育を行う
　形で参考にする

● 家庭訪問時の様子など、対応機関にこまめに情報を確認し共有する

❷安心感・安全感の提供

　子どもは「いつ自分が脅かされるかわからない」といった不安をもちながら生活しています。そうした子どもは、保育者が自分を見てくれていないと感じるとパニックになり、激しい感情表現をします。

　パニックや情緒不安定が強くなった場合は、子どもを集団から離し、外部からの刺激が少ない場所で保育者と個別の関係をつくります。子どもは安心できる「場所」で安心できる「愛着対象」に守られている感覚をもつようになり、少しずつ情緒の安定がみられるようになります（図表5-8）。

1対1は心の安全基地	特定の保育者と親密な関係をつくり、安定した愛着関係を育む。自由遊びや午睡の時などを使って、積極的にかかわる。
スキンシップを心がける	ふれあい遊びなどを通して、肌と肌が触れ合う心地よさを体感する機会をつくる。おんぶや抱っこなどを入れながら「○○ちゃんのことが好きだよ」と、保育者の思いを言葉に出して伝える。
保育者自身が落ち着く（感情管理を行う）	子どもの言動に巻き込まれると、保育者は叱ったり、言動を禁止してその場を収めようとする。しかし、子どもが興奮している場面で大切なのは、保育者が自分の気持ちを落ち着かせることである。ゆっくりと落ち着いた場所で、ゆったりとかかわる時間を大切にする。
保育者の思いを伝える	子どもへの思いを、子どもが落ち着いている場面で繰り返し伝える。褒めること、認めることを心がける。子どもにとって、見守られているという安心感を強くもつことが大切である。
職員全体で子どもを守る	保育所等には、保育士以外にも事務職、栄養士、看護師、警備員などがいる。全職員が一人の子どもについて情報を共有し、いつでも個別の対応ができるように心構えをしておく。さまざまな大人から見守られているという感覚を身につけることで、子どもは情緒が安定し始める。

図表5-8　愛着の回復をめざした被虐待児へのかかわりのポイント

❸自尊感情・自己効力感を高める

　虐待環境に晒された子どもは「自分は悪い存在」と思い込むようになります。新しいことにチャレンジすることが不安を強くし「ダメな自分」という

意識がより強くなります。そこに何らかの小さな不安（ストレス）が加わると、感情を爆発させるか、逆に無気力になります。保育者の励ましの言葉も、子どもによってはイライラ感を助長する場合があります（図表5-9）。

見守りのコミュニケーション	言葉によるコミュニケーションよりも、非言語的コミュニケーションのほうが、子どもの印象に残りやすい。視線が合えば笑顔で返す、OKサインを出す、ウインクする、ジェスチャーをする等、非言語的コミュニケーションのバリエーションを数多くもつ。
できていることを認める	認めるためにはいくつかの工夫が必要。子どもが望ましい行動をすればすぐに言語・非言語で認める。そして、褒める言葉かけを行う。一人の子どもだけでなく、集まっている子ども（クラス等）一人ひとりに声かけをする。
子どもの得意なことを知る	幼児期の子どもは「幼児性楽観主義」「幼児性万能感」という特徴があるといわれる。楽しいと感じることをすることで達成感を獲得し、面白くなくなると、たとえ途中であっても止めてしまう。虐待を受けている子どもの中には、楽しいことをした経験が乏しく、自分の得意なことも理解できていない子どもがいる。保育者は子どもの得意なこと（できる力）を発見し、クラスで取り上げて成功体験を積み重ね、子どもの自己効力感を高める。子どもが好きな遊びから内容が広がるように、創作できる教材などを工夫する。園内の職員で一緒に考えると、アイデアも広がる。
体幹を意識した運動を取り入れる	身体感覚、触感覚、運動と筋肉の連動、平衡感覚などの回復を図ることは、虐待によってダメージを受けた脳の働きを取り戻し、安定させるために大切である。身体感覚や触感覚では重みのあるブランケットを被ったり小型のボールプールを活用する、運動と筋肉の連動ではバランスボール、平衡感覚ではトランポリン、打楽器など、道具を駆使した運動が効果的である。
否定的な感情表現を認める	不適切な養育環境にいる子どもは、心の中にさびしさや不安、怒り、嫌悪の感情を溜めている。これらの感情は泣く、わがままを言う、かんしゃくを起こす等として表出される。しかし、保護者と一緒の場面では叱責されるため、溜めてしまう。 否定的な感情表出がありのままに許される体験は、子どもに安心感を与える。遊び（戦いごっこ、いじめ、悪者退治等）や描画（家族画、人物、戦いや争い等）などの表現活動の中で、その怒りが表出される。友だちや集団の中で叩く、泣く、パニックになる場合は、速やかに保育者と1対1の関係をつくる。保育者は子どものその時の気持ちを代弁し、落ち着いてスキンシップをとる。時間はかかるかもしれないが、保育者との安心できる環境で否定的な表現が許される体験は、否定的な感情をコントロールする力を子どもの中で蓄えることにつながる。
他人の役に立つ仕事を取り入れる	先生や友だちから信頼されることで、子どもは自分が信頼されているという感覚を獲得する。自分の周りは信頼できる世界で、周囲との信頼関係の中で過ごせているという体感を得ることができる。 先生や周囲の友だちの手伝いや当番、異年齢保育で乳児の世話をするなど、他人の役に立つ役割に取り組んで「○○さんありがとう」と感謝される喜びや達成感を得る。

図表5-9　被虐待児の自尊感情・自己効力感を高めるかかわりのポイント

保育者は、子どもの自尊感情と自己効力感を高めるために、子どもを丸ごと受け入れ、言葉をかけ、子どもがつらい時こそそばにいて気持ちを落ち着かせる存在になるように心がけましょう。

解説

幼児性楽観主義…幼児は周囲の大人から援助的な称賛を得る機会が多く、自己認識はポジティブ（肯定的）になります。感情では肯定感情が積極的に述べられ（いつも楽しい）、ネガティブ（否定的）感情は否定されがち（恐いことなんかない）となる。

幼児性万能感…幼児は自分のやることと他者がやることの関連づけが弱く、自己評価のための他者との能力比較はできにくいと考えられる。非現実的な幼児性楽観主義（現状への肯定感・万能感）によって、今できないことも将来できるようになるといった認識をもつ。課題の遂行を楽しむことに関心があり、結果には関心がない。課題を行うこと自体で成功感や達成感を得るため万能意識ももちやすい。

解説

自尊感情…自分が大切にされているという感覚。

自己効力感…安心して力を発揮することができる感覚。

❹仲間づくり

　友だちと遊ぶ中で、遊び方やかかわり方を体験し、友だちと一緒にできることを体験します。一緒にできるようになることは、友だちと波長を合わせることができることであり、協調性を育てることにつながります。

　虐待を受けた子どもは、友だちとの関係において、弱い者に力を誇示することが少なくありません。保育者は、他児への迷惑な行動は制限しなければなりませんが、その際に気をつけたいのは、本人の気持ちを代弁することです。

　乱暴な行為をする前に本人にわき上がった衝動を、保育者が言葉にして受け止めます。そして「腹が立ったから叩いちゃったのね」と、行動の理由を代弁します。行動の理由をていねいなやりとりで受け止めた後、「叩かれた○○さんはどんな気持ちだろう」と、乱暴された子どもの気持ちにも触れます。たとえ子どもから答えが出なくても、考える機会をつくることが大切です。「今度、腹が立った時は、先生に言ってね。どうしたらいいか一緒に考えよう」と、保育者がいつも一緒にいることを約束します。

　こうした経験を繰り返すことで、子どもは自分が受け止められる体験を通して相手の子どもの気持ちを考える体験を得ます。

❺物理的環境の整備

　物理的な環境を整備することで、子どもの混乱した状況を収めやすくできます（図表5-10）。

　そのためには、子どもの興味に応じた遊びができるような備品の用意、感情のコントロールができなくなった時に子どもが落ち着ける部屋（場所。子どもによってお気に入りの場所は違います）など、個別の対応ができる工夫がされていると、子どもも保育者も過ごしやすくなります。

教材の工夫	部屋の中にコーナーを設け、年齢や個々の子どもの興味に合わせた遊びの環境や絵本を用意する。さまざまな気持ちを表現できるペープサート（写真があればわかりやすい）も、自分の気持ちを確認し、相手に伝える道具として活用できる。
個別に落ち着ける場所	子どもにとってホッとできる場所は異なるが、保育室にカーペットや畳のコーナーがあれば、多くの子どもが安心できる場所になるだろう。子どもによっては裏庭であったり、職員室であったりする（けがの時に手当てをしてもらった体験等による）。 保育者は、施設敷地内の虐待を受けている子どもが落ち着く場所を確認しておく。
一日の流れを理解しやすい環境づくり	子どもに一日の流れを視覚的に示すことで、一日の流れを納得して行動できるようになる。一日の流れに見通しをもつことが苦手で不安になりやすい子どもにとって、安心感につながる。一日の流れから1週間、1か月の予定など、年齢に応じてわかりやすく示すことで、クラスの子どもたちは意思の疎通がスムーズになり、協調性が高まる。

図表 5 -10　物理的環境の整備

❻親が精神疾患やアルコール依存症などの子どものケア

　保護者に精神疾患が疑われる場合、子どもは虐待の直接的な影響だけでなく、保護者の精神症状からも影響を受けています。保護者が地域から孤立している場合、子どもは保護者の独特な行動や変調に影響されていると考えられます。保護者が保育者を公然と批判したり攻撃する姿を見ていると、子どもも保育者を非難することがあります。

　子どもは、自分の保護者が（他の保護者と比べて）奇妙な言動を示したり、自分に攻撃を向けてくることに理解が追いつきません。理解できないまま、子どもは保護者を刺激しないように保護者の前でおとなしくすることを覚えていきます。また、周囲の目が自分に向かないように目立たない行動をとるようになります。保育所等でもおとなしくしていることが多いです。しかし、子どもの心は助けてほしいとSOSを発しているのです。

　保護者が精神疾患や薬物・アルコールなどの依存症で苦しんでいる場合、子どもも同じように苦しんでいます。保育所等ではおとなしそうに（しっかりしているように）見えても、子どもは保育者からの声かけを待っています。保育者から認められることは、家庭からの影響を最小限にし、次の目標に向かう力になるのです（図表5 -11）。◆

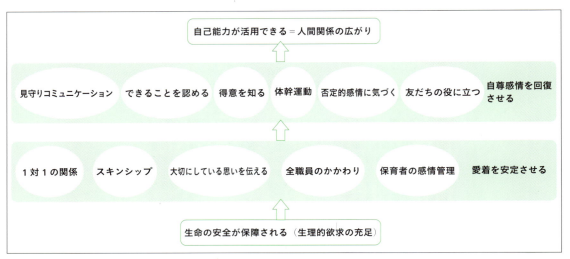

図表5-11　愛着の回復をめざすケアモデル

　図表5-11「愛着の回復をめざすケアモデル」は、図表5-8「愛着の回復をめざした被虐待児へのかかわりのポイント」と図表5-9「被虐待児の自尊感情・自己効力感を高めるかかわりのポイント」をまとめたものです。子どもは、保育所等で保育者に見守られることで「生命の安全が保障」され、安心感を獲得します。安心・安全な環境で保育者や職員からていねいにかかわられる体験を通して「愛着を安定させる」ことができます。そして保育のさまざまな場面を通じて「自尊感情を回復させる」ようになり、自信をもって「自己の能力が活用できる」ようになります。

　保育所等は虐待を受けた子どもにとって愛着を回復させることができる大切な施設なのです。

5 保護者への対応・支援①

(1) 保護者への寄り添い方

信頼関係をつくる試み

受け止める

　「保護者の思いを受け止めましょう」と言われます。しかし、ひとくちに「受け止める」といっても、言葉ほど簡単ではありません。例えば「今朝も起きるのが遅くて、朝ごはんを抜いてしまった。どうしたらいいですか?」と保護者が訴えてきた時を考えてみましょう。私たちは、「それはよくない」「もう少し○○してくれれば…」と感じて、「もう少し○○してくださいね」と助言しようとします。

　しかし、受け止めるとは、話し手が訴えていることの善し悪しを判断するのではなく、「純粋に」話を聴くことです。もちろん、朝食を抜くことを容認するのではありません。そうなった事情や悩んでいる保護者の心情を理解する姿勢を意味します。「朝ごはんを作る時間がなかったんですね」「よくお伝えくださいましたね」など、家庭の状況や保護者の心情を想像しながら受け止めましょう。話や訴えを「当然のこと」「望ましいこと」「尊重されること」と肯定的に受け止めるのも大切です（図表5-12）。

```
【信頼関係をつくる】
・受け止める
　　肯定的に尊重する立場を保つ
　　訴えや相談は"当然のこと""望ましいこと""尊重されること"の3原則
・積極的に聴く
A：相手の言葉を大切にする
　　言葉を繰り返す、反復する、整理し確認する
B：親子の様子を確認する
　　親子の様子を想像し、具体的に聴く
C：保護者の苦心、工夫、努力を聴く
　　保護者の子育ての取り組みを聴く
　　「結果」ではなく「結果に至る経過」を受け止める
D：態度や表情に気を配る
　　保育者の言葉が保護者に受け入れられているのか、態度や表情から理解しようとする
```

図表5-12　保護者に寄り添う時の姿勢

積極的に聴く

●相手の語る言葉を大切にする

「子どもがぐずだから、叩いて園まで連れてきた」と話す保護者に、「それはだめですよ」ととがめるのは簡単です。そうではなく、「叩いてしまった」という保護者の心情を理解し、「（お子さんが）ぐずとは?」「叩くとは?」と、相手の語る言葉をていねいに繰り返します。

また「うなずき」は、話をしっかり聴いていることを相手に伝える手段です。話の内容を「繰り返す」、言葉を「反復する」、「それで」「というと」などの促しの言葉は、話を続けてほしいという聴き手の気持ちを相手に伝えることになります。

話が一段落した時には、「朝起きてからいつまでも着替えなかったのですね」「言っても聞かないから頭を叩いてしまったのですね」など、話された内容を「整理」し「確認」します。話し手は、話した内容が整理できるので、気持ちが落ち着くようになります。

●親子の様子を確認する

保護者が安心して話ができるようになることで、保育者は保護者が困っている理由をいろいろと想像できるでしょう。「（子どもが）言うことを聞かない」「反抗ばかり」「保育所は細かいことを言い過ぎる」など、訴える事情はさまざまです。

保育者は聴き手として、話を聴きながら「言うことを聞かないって、どんなふうに?」「反抗ってどんな?」「細かいことって?」と、具体的に尋ねます。そうすることで、家での親子のやりとりの様子が頭の中でイメージされ、保護者の話に共感できるようになります。

●保護者の苦心、工夫、努力を聴く

登園するまでに、保護者は子どもにどのようにかかわるのでしょうか。「登園されるまではどうしたのですか?」と聴いてみることで、話の中で保護者の苦心が語られるでしょう。子どもを甘やかしたり、逆に叱ったりと、保護者はさまざまな苦心を語るかもしれません。保護者の語る苦心は、子育てを何とかしたいという取り組みでもあります。

そこで保育者は、取り組みへの苦心をていねいに聴きます。起こってしまった結果は見過ごせないことかもしれませんが、何とかしようとした気持ちや子どもとのやりとりは評価できるかもしれません。「叩いた」「叱った」という結果に至るまでの経過を受け止めることで、保護者は「支えられている」と感じるようになり、保育者との信頼関係が深まる可能性があります。

●態度や表情に気を配る

　保護者の表情や態度にも気を配りましょう。保育者が受け止めているつもりでも、保護者は心地よく思っていないこともあります。「よくがんばって（保育所等まで）連れてきていただきましたね」と声をかけても、保護者がしかめっ面をしていれば、「がんばっている」などの言葉を嫌がっているかもしれません。「簡単にわからないでください」という態度をとるかもしれません。

　保育者は、自分の言葉が保護者に受け入れられているかどうか、保護者の態度や表情で判断します。受け入れられていないと思う場合は、別の言い方を考えましょう。他の保育者と相談しながら受け止め方を考えることも大切です。

（2）保護者と子どもの育ちを共有する

　保育者は、自らがもつ子ども像（子ども理解）を自分の中で明らかにし、保護者がもつ子ども像を知り、両者の子ども像が一致することを目指します。そのためには、自分の子ども像を一方的に伝えるのではなく、保護者の子ども像にじっくりと耳を傾け、親子の関係を注意深く観察し、肯定的な評価を与えるようにします。

　例えば、保育者は「子どもは保護者に甘えられていないのではないか」と考えていても、保護者は「子どもが甘えてばかりで困る、早く自立してほしい」と考えている場合です。子どもは甘えたがり、保護者はそれに苦痛を示す場面を観察しながら、「子どもが泣いたり大きな声でお母さんを求めるのは、お母さんを困らせたいのではなくて、お母さんを信頼している証拠ですね」などと言葉をかけます。親子の関係や保護者の養育の長所を発見し、言葉に出して伝えることは、保育の専門性といえます。

　そして、保育者が保護者のできないことを許容することで、保護者は保育者への防衛的な態度を弱め、心を開くようになるのです。

　子どもの行動に対する保護者の理解が進むと、保護者は子どもへの接し方など保育者に意見を求めてくるでしょう。その時には、保育者の考えを押し付けるのではなく、「私はこう思うけれど、お母さんはどう思われますか?」と対話が持続するように配慮します。

（3）保護者と保育者の立場の差を意識する

　保育者が保護者と接点をもとうとする時に、立場の違いを意識することが

大切です。保育者は、保護者に少しでも多く子どもにかかわってほしいと思う一方で、保護者はこれ以上かかわる時間はないと思っていることがあり、話し合いができない状態になります（図表5-13）。

保育者が「保育者の立場」を思うほどに「保護者の立場」に寄り添っていくことが大切です。

保育者の立場	保護者の立場
・子どもの理解を促したい ・子どもに多くかかわってほしい ・家庭的な雰囲気を大切にしてほしい ・早く子どもを望ましい方向に進めたい ・子育ての方法を教えたい	・子どものことはわかっている ・これ以上かかわる時間はない ・子どもに手をかける余裕はない ・子どもがすぐに変わるとは思えない ・自分のつらさをわかってほしい

図表5-13　保育者と保護者の立場の差

（4）長所と強さに注目するアプローチ

解説

ストレングス・アプローチ…長所や強みを発見し評価することを支援の過程に積極的に取り入れようとすること。

図表5-14は、保護者との新たな関係形成を考えるストレングス・アプローチと呼ばれる、近年の家庭支援の基本的な指導法です。これまでのように、専門職が指導して教育するという「上からの立場」ではなく、保護者と「対等な関係」の中で、家族のストレングス（強み・長所）を評価し、潜在的な力を強化する働きかけです。

ストレングス・アプローチの考え方の根底には、「保護者は皆、良き保護者になりたいと思っている」というコンセプトがあります。

長所と強さに注目	短所と弱さに注目
・保護者と保育者がパートナーとなる ・保護者の要望やニーズに焦点を当てる ・保育者（の助言）は、保護者の能力に＋αを与える ・保育者は、家族が設定した目標を達成できるように支える	・保育者は子育て（保育）の専門家である ・保護者の「何がいけないのか」に焦点を当てる ・保育者が問題の原因を理解し確認する ・保育者は「何が問題」で、どう「直す」かを教える

図表5-14　「長所と強さに注目」と「短所と弱さに注目」の対比

（5）保護者支援の8か条

ストレングス・アプローチは、人は長所を強調することで、「話を聴いてみよう」「新しいやり方を習ってみよう」といった動機づけが高まる、ある

いは解決したい課題を自分で選べば問題解決にこれまで以上に責任をもつという考え方に基づいています。

一方で、保護者の養育力の弱さや家族の問題点に焦点化するだけでは、課題の克服が難しいことも事実です。ストレングス・アプローチは、動機づけが低い保護者や、保護者との関係が初期の場合に大切な援助の視点を示していると考えるべきです。

保護者支援の8か条
①保護者は専門家よりも長い間子どもの状態を改善しようと試みてきた。 ②保護者が何をしようと、最初はどんなに無分別にみえようと、保護者の行動には通常、何らかの理由がある。 ③いかなる指導や援助も、うまくいくためには保護者の協力が必要である。 ④保護者の協力を得るためには、保護者が忠告されたことを理解し、受け入れる必要がある。 ⑤最初に専門職が「保護者の現状」を共感的に理解しなければ、いかなる助言も理解され受け入れられないだろう。 ⑥保護者の苦境を保護者の立場に立って理解しなければ、その家族に特有なニーズに合わせた指導ができず、実際の役に立たない決まり文句的な助言を与えることになる。 ⑦子どもの問題が深刻であっても、その家族にとって中心課題ではない場合も多い。 ⑧多くの場合、保護者は過去の子育てについて絶えず非難されてきたこと、また非難を恐れていることを知るべきである。

図表5-15　保護者支援の8か条

出典：L.E.アーノルド編『親指導と児童精神科治療』星和書店、1981年、竹中哲夫『現代児童養護論』ミネルヴァ書房、1993年をもとに筆者作成

図表5-15は、保護者支援における8つの約束事です。①は保護者のこれまでの努力を尊重する姿勢を示し、②は保護者の行動を理解する意義を示しています。また③と④は、保護者と専門職がパートナーシップの関係にあることを意味し、⑤と⑥は保護者の立場に立ってこそ、保育者の助言は有効なものになることを示しています。そして⑦と⑧は、保護者の生活に想像力を働かせ、心を傾ける大切さを示唆しています。

保育者は、子どもの育ちや生活を中心に話を進めようとしますが、保護者にはそれを受け止めることができない事情をもっています。その部分にまで想像力を働かせ、理解しようという保育者の姿が保護者に伝わることで、保育者のかかわりが保護者にとって意味をもつものになります。　　　　◆

6 保護者への対応・支援②

（1） 子どもの育ちの共有

　保育所等の役割は、子どもの育ちを保護者と共有することにあります。特に配慮が必要な家庭には、日々の保育における子どもの様子を伝えなければなりませんが、保護者によっては納得しなかったり、さらに説明を求めたり、あるいは保育者の子どものとらえ方に批判的になり、関係がこじれる場合もあります。

　筆者が北米で子育て支援の研究をしていた折、アドバイザーから"Do less, Observation more, Enjoy the most"と言われました。これは、「保護者への説明や教示は少なくする。親子の観察を多くし、親子が楽しめる場面をもっとも多くする」と訳せるでしょう。子どもの育ちが気になる場合、保育者は子どもの様子を伝えながら、より望ましい養育を期待し、その方法を保護者に伝えようとします。しかし、多くの保護者は子どもの育ちに不安をもち、自責の念に苦しんでいます。そのような状況では、"子どもがしっかり育っているか""子育てが間違っているか"といった"All or Nothing"の思考に陥りやすく、保育者の助言を「非難された」と受け止めることがあります。

　ですから、保育者の子ども像を一方的に伝えようとするのではなく、保護者がもつ子ども像にじっくりと耳を傾け、親子関係を注意深く観察し、肯定的な評価を与えるようにしましょう。

　保育者が子どもの様子を保護者に伝えようとするのは、保育者と保護者の子ども像を一致させ、子育てが協働できる関係をつくるためです。子どもの行動に対する保護者の理解が一歩ずつ進むと、保育者の考えを求めてくるでしょう。その時には、保育者の考えを押し付けるのではなく、「私はこう思うけれど、お母さんはどう思われますか?」と、対話が持続するように配慮します。

　また、こういった話をする場面にも配慮する必要があります。保護者の中には、他の保護者の様子に敏感になって話に集中できない人もいます。プライバシーも含め、話し合う際には、空間の機密性（話が周囲に漏れない）についても配慮しましょう。

（2） 日常的なかかわりのポイント

　支援が必要な保護者の中には、自分から保育者に話しかけたり相談をもちかけることをしないケースもあります。保育者は子どもの様子を伝え、子ども像を共有したいけれど、それを受け止める力や余裕を備えていない保護者もいるのです。保育者は日常的なあいさつや言葉かけを意識しながら、コミュニケーションを図る機会を増やすかかわりとして、次のようなことを意識しましょう。

❶社交的かかわり

　社交的かかわりには、日常のあいさつや保護者自身に関心を示す、親子の関係に関心を示すなどがあります。特に登園時は保育者の関心は子どもに集中しますが、保護者の様子や保育者に向ける態度から、相手の様子を 慮^{おもんぱか}りながら言葉をかけることも必要です。話す時間の少ない保護者には、そうした機会を逃さず、保護者に関心を向けた言葉かけをしましょう。「いつも（子育て）ご苦労さまです」など、現状を肯定する気持ちを含んだ、いたわりと労いのコミュニケーションを心がけます。

　また、連絡ノートや手紙の活用は、個別の関係を深めるための貴重な手段となります。言葉によるコミュニケーションよりも、文字を介したやりとり（コミュニケーション）を望む保護者も少なくありません。

❷対話的かかわり

　保護者から保育者に話しかける場面や社交的な会話では、傾聴の姿勢を十分に意識しましょう。「うなずき」は、話をしっかり聴いていることを相手に伝える手段です。話の内容を「繰り返す」、言葉を「反復する」という態度や、話の流れの中で「それで」「というと」といった促しを入れることは、話を続けてほしいという意図を相手に伝えます。話が一段落した時には、話された内容を「整理」し「確認」することで、保護者も話した内容を整理できて気持ちが安定します。

　対話を続けるためにはEnjoy the mostを心がけ、保育者の話はできる限り控えめにし、保護者が安心して自分の話ができるように「積極的傾聴」を目指しましょう。

❸助言的かかわり

　傾聴的な態度を心がけていても、保護者から質問が出たり、保育者から保護者の話に説明を加えたくなる場面があります。助言をする前提として、①親子関係や保護者の養育の長所を発見し、言葉に出して伝えること、②保護者ができないことを許容する関係を構築することを押さえておきましょう。保護者ができるところもできないところも含めて、全人的に受容される体験を通して、緊張や抵抗を弱めて保育者に心を開きます。

　こうした信頼関係の土台を形成して、助言が有効となりますが、その際には保護者の小さな変化を目標にしましょう。保育者には日常的な助言であっても、受け止める保護者はこれまでと違う子育てを試し、家庭の時間を犠牲にしなければなりません。

　助言は、受ける側に強制力が働くものです。特にこれまでの専門職の助言に懐疑的な保護者がいても不思議ではありません。助言を行う場合には、それが実行されることを必ずしも期待せず、新たな試みをしようとする（した）保護者の姿勢を支える心配りが求められます。子どもの育ちに課題を抱え、自分自身の生活形成がうまくできていないという思いを抱いている保護者の中には、これまでの経緯から自尊感情を低くしている人も少なくありません。

　保護者の中にはできないことを言われたと感じると、バカにされた、否定されたという思いを抱きやすくなります。できるかできないかの "All or Nothing" になってしまうのです。保育者は助言したくなる自らの態度を省みながら、どのような助言がその保護者に最も受け入れられそうか、その伝え方を十分に吟味することが必要です。

（3） 精神疾患をもつ保護者へのかかわり

　近年、わが国では若年層にうつ病を抱える人が増えています。子育て中の保護者の産後うつは昔からいわれています。たとえうつ病と診断を受けていなくても、その傾向があったり、家事や育児ができなくなるという子育て放棄が疑われるケースもみられます。

　うつ病の中には延々と話を続けたり、周囲に心配をかけるなど、身近な人々を巻き込んでしまう傾向があります。うつになる人は、自分に関心を向けてもらいたいという思いはありますが、うまくコミュニケーションがとれないために自分で抱え込んでしまう特徴があります。こうした傾向をもつ保護者には、保育者として次の点に留意しましょう。

❶話の聴き方

　長々と話を聴くことは避けます。終わりがない話を保育者が一生懸命受け止めても、多くの場合、問題は解決しません。保護者は一時的に気分が楽になるかもしれませんが、すぐに元の状態に戻ります。一生懸命聴こうとすると、本人のうつに巻き込まれて、保育者も気分が滅入ります。

　元来、うつになりやすい人は、他人の評価や視線を気にしやすい傾向があり、人間関係や自分の役割、行動に敏感だといわれています。そのため、自分の話を聴いてもらえないと、一時的に状態を悪くするかもしれません。しかし、保育者はその状態に巻き込まれずに、「○分間は話を聴けますよ」「今の時間だったら、次の仕事まで聴けますよ」と、現実的な対応を行うことが大切です。保育者との接触を避ける保護者にも、会話が必要であれば、その旨を伝えて時間を区切り、ゆっくりと話をします。保護者の多弁さや無口といった状態に巻き込まれないように、伝えることをわかりやすく話し、相手の話を聴くようにします。

❷依存度の強さ

　うつになると、人にやってもらいたい、わかってもらいたいという依存が強い状態になります。相手への思いや配慮はしにくく、自分の思いを受け止めてほしいと強く思うようになります。健康的なコミュニケーションがとれないにもかかわらず、症状によっては相手との関係を続けようとします。

　保育者は自分のペースを崩さず、保育者としてできることを保護者にしっかり伝えることが大切です。できる限りの援助をしようと思うと、どこまでも頼られるという悪循環に入り込んでしまいます。

❸判断力

　うつになると、自分で判断して行動することが困難になります。「どうすればよいかわからない」「先生の言われたとおりにできない」という訴えが多くなる場合があります。保育者は答えを出すのではなく、どうしたいのか、何ができそうかと、保護者が決められるように一定の距離を保つように意識して心がけます。

❹子どもの様子をしっかりと伝える

　子どもの様子は、できているところ、望ましいところ、できていないところを冷静に保護者に伝えます。遠慮して言わずにいると、保護者は「自分はきちんと評価されているのか」と不安になることがあるためです。

❺できていることとできていないことを把握する

　情緒的な話が多く、子育てと関係のない不安などが語られることもありますが、そのような話を聴きすぎず、子育てや日常生活でできていることとできていないことについて、質問をしながら確認します。

　食事は作っているのか？ 誰が作っているのか？ 眠れているのか？ 眠れない時はどうしているのか？ 仕事は？ 友だちは？ といった日常的な行為について保護者本人に確認します。できていることはしっかりと評価し、できないことはそれを受け入れるようにします。場合によっては、ホームヘルパーなどのサービスを考え、対応機関から情報を得るようにしましょう。

❻キーパーソンとの関係を構築する

　母親がうつ病の場合、保育者は家族の中のキーパーソン（父親や祖父母など）と接触し、キーパーソンが母親を支えることができるように支援します。大切な伝達は母親だけに伝えず、了解をもらった上で家族にも伝えるようにします。

❼園内のチームワークを高める

　担任保育者が孤立しないように、保育所等が一丸となって担任と保護者の関係を支えます。担任が保護者の精神状態と子どもの関係を考えすぎて抱え込んでしまうと、気分が落ち込むことも少なくありません。担任は、他の職員に自分の思いを意識して語るようにしましょう。

（4） 発達に課題をもつ子どもの保護者支援

　最近は、発達障害のある（疑われる）子どもが保育所等に入所するケースが増えています。保育者は保護者への期待として、子どもの障害を理解し療

育にも行ってほしいと思うことがあるでしょう。その前提として考えたいのが、保護者にとって「子どもの障害を受容する」とはどういうことなのか、です。

　子どもが1～2歳くらいになると保護者に「気づき」と「比較」が始まり、「うちの子ども、他の子どもとちょっと違うな」と、漠然とした不安が出てきます。子どもの行動によっては、保護者の交友関係が妨げられることもあります。その際、保護者の内面でどういうことが起こるのか考えてみましょう。

　保護者は、思い描いていた「子ども像」「育児像」「自分の人生設計」が崩れる不安や恐怖と向き合い始めます。その崩壊を防ぎたいために「違い」を小さく見積もり、発達の遅れや課題があることを認めない理由を探し始めます。この理由探しを否定すると、保護者はなすすべがなくなってしまうので、理由探しにどうやって寄り添っていくのかを考えることも、保育者の役割です。保護者の中には「あなたのせいではないですか」と親戚などから言われるつらさを抱えていたり、「（場合によると）治るんじゃないか」、逆に「療育に行くべきか」と考えたりする揺れが絶えずあります。

　大切なのは、葛藤を乗り越えて自分でがんばっていくためには、安心して自分の気持ちを開示できる場所、つまり支援者による理解と支えが必要だということです。

（5）クレーム・苦情への対応

　保護者対応のなかでも、クレームや苦情は特に配慮を必要とします。子ども同士のけんかで起こったけがの苦情や、けがをさせた子どもとその保護者への謝罪の要求、保育者の対応や担任を替えてほしいというクレーム、感染症に対する気遣いが足りないなど、保護者からの訴えは実に多岐にわたります。近年では"ヒヤリ・ハット""リスクマネジメント"が徹底され、保護者対応にも活かされるようになりましたが、保育所等や保育者はどのように保護者に的確に対応すればよいのでしょうか。

　クレームや苦情は、大きく「依存型」と「要求型」の2つに分けることができます。

❶依存型——子どもや保育所等への思いを理解してほしい

　依存型は、小さな訴えを何度も繰り返すタイプの苦情です。例えば「子ど

もが昼食はおいしくないと言っている」「午睡を止めてほしい」「（持たせていた）上着を着せていない」「自分の子どもへの声かけが少ない」「行事の写真写りが悪い」などです。

　こうした訴えには、1つひとつていねいに対応することも大切ですが、子どもへの思い、日常の子育てや苦心について、保護者の話に耳を傾けるために、一度じっくりと時間をとることも必要です。訴える保護者は、自分の思いを担任だけでなく、園全体で理解し受け止めてほしいという強い願い（欲求）をもち始めていると考えましょう。

　そのため、こまごまとした訴えが続く場合には、保護者に対して、担任だけではなく園全体であいさつやちょっとした会話などのコミュニケーションを心がけ、保護者の思いを園全体で受け止める姿勢を示すことが望まれます。

❷要求型── 子どもや保護者が受けた不利益や不満について、具体的な事実をあげて訴える

　要求型は、子ども同士のけんかやけがなど具体的な出来事が原因で、保育所等や保育者、あるいは他の保護者に謝罪や責任を要求してくる場合を指します。事実関係を確認し、保育者や保育所等の非が認められる場合は、具体的な事実関係の説明を行い、保育所等としての対応の不備等について謝罪を行います。しかし、単に謝罪して終わるだけでは、保護者の思いを受け止めるという配慮ある対応を行ったことにはなりません。その場は解決するかもしれませんが、その後の信頼関係を築きにくくする場合があるためです。

　要求型の訴えには、強く激しい感情が含まれていることがあります。電話の場合には、要求に対して謝罪や説明をするだけではなく、事実（子どもの様子、保育者の子どもへの対応等）をていねいに確認し、保護者の感情を認め、共感的な対応を心がけます。面談の場合は、担任一人ではなく複数で対応するなど儀式的対応ができる体制をつくります。

　儀式的対応とは、役割、時間、進め方といった枠組みを明確にすることです。一定の枠組みをつくることで、保護者の感情の揺れが枠の中で収束されると考えられています。保護者への対応は主任や管理職が行い、担任は保護者の訴えを箇条書きなどで記録します。終了時、その記録を保護者に確認してもらい、保管しておくことを保護者に伝えます。要求型には、共感的対応を基本に、保育所等として明確な意思表示や姿勢を示すことが求められます。

　共感的対応を行うためには、保護者が抱えている感情について、態度や表情、語気の強さから推測する観察力が必要です。対応のためには、喜びや悲しみ、恐れ、怒りを表す言葉を使えるようにしておきます。そうすると、保

護者の思いに触れた際に、「お子さんのことを思うと腹立たしい気持ちになりますね」といった、共感を示す言葉が出てくるようになります。

　配慮が必要な保護者の訴えには、一言では語れないさまざまな思いが込められているのです。その思いを1つひとつていねいに聴いていくことは、絡まった糸を少しずつ解いていく作業に似ているかもしれません。保育者は感情的にならず、自らの心の動きを見つめながら、落ち着いた対応を心がけましょう。　　　　　　　　　　　　　　　　　　　　　　　　　　　◆

7 保護者への対応・支援③

（1）保護者の愛着スタイルを理解する

　子どもの愛着行動と対応させるように、保護者の愛着スタイルも4つに分類されます。先にあげた子どもの愛着行動（第5章第3節）と、本節で紹介する保護者の愛着スタイルは、高い確率で一致すると考えられています。①保護者の安定型は子どもの安定型、②保護者の愛着軽視型は子どもの回避型、③保護者の不安定・とらわれ型は子どもの不安定型、そして、④保護者の未解決型は子どもの無秩序型に対応します（図表5-16）。

① 安定型	・保護者の子どもへの感受性や応答性は日常的に高い ・子どもの不安や怒りの読み取りができ、子どもとの間で落ち着いたやりとりがある ・養育行動にある程度の一貫性がある 　―愛着の重要性を高く認識している 　―保育者や仲間等にも被養育体験をプラスとマイナスで思い出し、語ることができる 　―周囲の人間に信頼関係を築くことに困難を感じない
② 愛着軽視型	・子どもや保育者に対して全般的に拒絶的 ・子どものマイナス感情や身体接触を好まない ・子どもの育ちに関心が高くない 　―愛着を理想として語るものの、自分の体験的な根拠は弱い 　―自分の保護者との体験は語りたくない 　―周囲の人間に信頼関係を築くことをしない
③ 不安定・とらわれ型	・保護者の子どもへのかかわりに、自分の都合が優先されることが多い ・養育に不安が強く、子どもとの間で落ち着かないやりとりが多い ・子育ての情報が過多で、不安定さがみられる 　―自らの愛着について、思い出や言葉の整合性が弱い 　―保護者への怒りや不安を強く出す表現がある 　―周囲の人間と安定した人間関係をつくりづらい
④ 未解決型	・子どもの行動に過敏であったり抑うつ的だったりと波がある ・精神的な不安定さを抱える ・現在（遠くない過去）に困難体験を抱えていて、そのことを語る 　―家族に外傷体験（保護者との分離、喪失体験、トラウマ被曝）を抱えている 　―保護者に対して話すことは少ない 　―周囲の人間との関係は限定的で孤立的

図表5-16　保護者の愛着スタイル
出典：数井みゆき・遠藤利彦編著『アタッチメント――生涯にわたる絆』ミネルヴァ書房、2005年をもとに筆者作成

　愛着スタイルは、幼少期からの被養育体験が影響していると考えられています。保護者のケアを考える上では、④未解決型への支援が必要となります。

解説

トラウマ被曝…トラウマを体験すること。トラウマを直接体験することやトラウマを体験した（している）人と接することも被曝となる。虐待を受けている子どもをケアすることもトラウマ被曝にあたる。自らもトラウマを体験している場合には、感情移入が起こり被曝しやすい。被曝すると感情統制が難しく、自分で大変さを抱え込んでしまう。自覚が必要で、仲間に相談し支援を積極的に受けることが必要。

（2）保護者の愛着スタイルに合わせた対応を考える

❶愛着スタイルを変えようとしない

　子どもが泣いていても抱かない、泣いているのに保護者の言うとおりにさせようとするなどの保護者の愛着スタイルは気になるところですが、愛着スタイルは簡単に変わるものではありません。保護者自身、抱っこされた経験が乏しい、幼少期や思春期の頃の保護者との関係で良いイメージがもてない時に、保育者に「こういうやり方があるよ」と言われてもできないことを理解しましょう。そして「私たちがしっかりとお子さんを保育します。お母さんは無理をせずにゆっくり保育所（等）に慣れてください」と、保護者の愛着スタイルを認めることが大切です。

❷子どもの愛着行動を変える

　それでは、保育者は親子にどのように接すればよいのでしょうか。まず、保育者が保育を通して子どもの愛着行動を変えていくことです(116～120頁)。保育者が日中の養育者としてていねいにかかわることで、子どもの回避型、不安定型の愛着スタイルが安定型に落ち着くことがあります。無秩序型は愛情がうまく育っておらず、発達障害に似た、多動や衝動性が激しいという訴えで入所する場合があります。

　皆さんも、最初は心配な子どもだなと思っていても、しばらくすると癇癪がましになってきた、安心して抱かれるようになったという経験があるでしょう。これは保育の大きな成果といえます。そして、子どもが保育者に示す愛着行動を、送迎時などにしっかりと保護者に見てもらいましょう。泣き止まない時にお母さんが抱っこしないようであれば、保育者が抱いて「お母さんが来たから泣き止もうね」とあやします。子どもが泣き止めば保護者は「どうして先生だったら泣き止むの?」と尋ねてくるかもしれません。こういった興味・関心が保護者から出てくるとチャンスです。「私もうまくいかない時があるんですよ」など、苦労話を語ることで、保護者は保育者の話に耳を傾けます。保護者の話に耳を傾けずに子どもの発達や愛着について専門的に説明をしてしまうと、保護者の気持ちは保育者から離れてしまうかもしれません。

❸保育者による愛着行動の了解を得る

　子どもは養育者によって愛着行動を変えることができるので、怒ってくれる人、厳しく言ってくれる人、やさしくしてくれる人など、多くの養育者との付き合いを通して社会性を獲得していくと考えられています。「私は先生のような抱っこはできない。うまく泣き止ませられないです」などと保護者が語った時は、「保育所と家では、子どもの様子も違っていいんですよ」としっかり伝えましょう。

　「私たちは子どもの甘えを受け入れる存在です。家に帰ったらお母さんも忙しいから、お母さんなりのやり方でいいですよ」と、保護者の忙しさや子どもとうまくかかわれないつらさに共感してほしいと思います。

❹保護者のタイプ別対応

　愛着軽視型の保護者は、自分のことに意識が向きすぎていると考えられます。この型の保護者には自分自身の仕事や興味・関心のあることを話してもらうとよいでしょう。朝、遅刻ぎみで来た保護者に「遅刻しないでください」と言う前に、「お母さん、忙しいよね。朝どうしてたの?」と、話を聴いてください。このような理解を保育者に示してもらうことで保護者は「支えられている」という感覚をもつようになるのです。

　不安定型の保護者には、子どもの立場や気持ちを保育者が代弁し、「お子さんはこんな気持ちなんじゃないかな。お母さんにこうしてほしいのじゃないかな」と、子どもの心情をていねいに伝える支援を行います。保護者は自分が抱える不安のために質問が多くなるので、保育者もつい助言したくなります。しかし、子どもの気持ちの読み取りがうまくいかないため、保育者に「こうしたら」と言われると、保護者は子どもの状態に関係なくすぐに助言されたことを試そうとします。ですから保育者は、方法論ではなく、子どもの気持ちを代弁するかたちで接していきましょう。

❺保育所等を安心・安全の基地にする

　未解決型は不安が強い保護者が多いため、まず、保護者が安心する対応を心がけることが基本になります。その際は、保育所等を保護者の安全基地にするという考え方が大切です。次に紹介する、「朝夕のパターン化した対応」「全職員の対応と見守り」「波長合わせ」「自尊感情を高める」といった対応

と「保育者の振り返り」を参考にしてください。

朝夕のパターン化した対応

　朝と夕方に同じ保育者が対応するのは、保育所等によって難しい場合がありますが、不安定型の保護者にはさまざまな背景から人を信頼する力が弱くなっているため、朝夕のパターンとなった対応が繰り返されることで、保護者は保育者に安心感（怒られない、馬鹿にされない）をもちます。こうした安定した保育者との関係のもとで保護者の行動が安定に向かいます。

全職員の対応と見守り

　担任だけではなく、園全体の職員から「〇〇さん、おはようございます」と声をかけられることで、保護者には保育所等から見守られているという安心感が生まれます。不安定型の保護者は、担任は信頼できるようになっても、他の職員には「目が合ったのに声をかけてくれなかった」「無視された」と不信感を抱いてしまいがちになります。そのため、全職員による安定した見守り・対応を心がけます。

波長合わせ

　保護者の興味・関心に合わせた話をすることも大切です。筆者は以前、児童相談所の一時保護を利用したこともあるケースの事例を勉強する機会がありました。母親は好きなミュージシャンのライブのために一人で海外に行き、祖母が子どもの送迎をしているという状態でした。そこで、筆者は担任に「母親が好きなミュージシャンのベスト盤を借りて、先生が好きな曲を2曲覚えてください。今度母親が来た時に、『あの曲はいいですねー』と言ってみてください」と伝えました。次の勉強会で、その担任は「うまくいきました。ミュージシャンの話になると、顔がパッと明るくなって楽しく話ができました」と報告してくれました。

　保育者が保護者の興味・関心に話を合わせることで、保護者は保育者に受け入れられた、承認されたという感覚が身につくようになると考えられます。

自尊感情を高める

　他者の役に立ったり、他者に感謝される体験は人間の自尊感情を高めます。ある保育所では、母親が精神疾患を患い、朝早くから保育所に来ては保育者に苦情を繰り返し言うため、園長が事務所でお茶を飲んでもらうなどして、懸命に保護者の対応をしていました。ある日、園長はこのお母さんには体を

動かしてもらおうとひらめき、「お母さん、ちょっと手伝って」と片づけの手伝いをお願いしてみました。そうすると、保護者は「しかたないなー、お茶もらったからなー」と園長が玄関を掃除するのを手伝ってくれたのです。保護者が手伝いをする中で「○○ちゃんのお母さんがきれいにしてくれているよ。ありがとうを言おうね」と、園長や担任が子どもたちに教えると、その母親の表情も変わり、自分から園庭の掃除をするようになりました。このように、保護者が周りから感謝される「仕掛け」を園内でつくることも大切です。

保育者の振り返り

　「どうしてあのお母さんは子どものことがわからないの!」と、保育者は保護者が示す言動に戸惑いを感じることもあるでしょう。そんな時、「どうして自分はこんなに腹を立てているのだろう」と自分に問いかける余裕をもってください。傷つきやすく、子育てがうまくいっていないと感じている保護者は、保育者に自分のことをどう思われているのかを敏感に感じ取っています。たとえ保育者が表面上はニコニコしていても、心の中で「あの保護者の言動は、何とかならないかな」と思っていると、その思いは相手に伝染してしまいます。ですから保育者は自分の保護者への思いを統制する（落ち着く）ためにも、自分を純粋に見つめ直すことが大切です。

　保育者も自身の育ちの中で、自分の保護者との関係で何か引っかかっていることがあるかもしれません。未整理なことが残ったままになっていると、その気持ちが保育所等の保護者に向くことがあります。もし、そのような引っかかりを感じることがあれば、仲間、同僚、先輩、上司に話を聴いてもらい、自分と保護者の関係を受け止めてもらうように意識してみましょう。　◆

8 他児への配慮・対応

（1）役割分担とチーム対応

　虐待の被害を受けている子どもは、さまざまな反応を起こします。その行動は、他児やクラスの友だちに少なからず影響を及ぼします。

　中には直接叩かれる、蹴られる、嚙みつかれるなどの被害を受ける子どももいます。クラス全体が影響を受けて雰囲気が不穏になる場合もあります。しかし、加害者の子どもだけを叱って注意すると、クラスの雰囲気はさらに悪くなることがあります。そのため、被害を受けた子どもにしっかりと関心を示して、安心感を与えることが大切です。

　クラスが大変な状況になった場合には、園長や主任と相談しながらクラス運営を考えます。加害者である子どもを悪者にせず、どうすれば友だちになれるのか、やさしくなれるのか、子どもたちと一緒に考えます。被害を受けた子どもの保護者やクラスの保護者には、保育所等の方針などていねいな説明を行います。子どもが家庭で安心できるように、元気に保育所等に通えるためにも保護者の協力は不可欠です。

　同じクラスの子どもが一時保護などで急にいなくなると、動揺する子どもが出ます。「○○ちゃんはどうしたの?」と保育者に直接聞いてこなくても、心配しているかもしれません。子どもたちに隠すのではなく、「ご家庭の事情でしばらく保育園に来られなくなったの」「落ち着いたら戻ってくるよ」など、子どもたちが安心できる声かけをします。

　担任は、虐待を受けている子どもへの１対１のかかわり、その子どもから被害を受ける子どもへの対応、保護者対応と、一人で何役もこなさなければならず、過度な負担を強いられることになります。そのため園内で役割を分担し、チームで対応することが大切です。　　　　　　　　　　　　◆

9 きょうだいへの対応

（1）起こり得ることの予測と対応

　虐待が疑われる子どもにきょうだいがいる場合には、通告や支援の対象となった子どもだけでなく、その家庭にいるすべての子どもについて、虐待の有無を確認しなければなりません。特にきょうだいが同じ保育所等に通っていれば、虐待を疑われる兆候がなくても、アセスメントシートを用いて適切な評価を行う必要があります。虐待は特定の子どもにだけ行われる場合と、複数の子どもに行われる場合があります。

　虐待が特定の子どもにだけ行われている場合でも、その子どもが家庭から離れると、残されたきょうだいに虐待が始まる場合もあります。その可能性がある場合は、たとえきょうだいが虐待を受けていなくても、児童相談所が一時保護等の判断を下す場合があります。

　児童相談所は、虐待の有無を調べるために保育所に通うきょうだいから話を聞くことがあります。虐待者が逮捕されて捜査・起訴される場合、被害を受けた子どもだけでなく、きょうだいも警察に話を聞かれる可能性があります。

　保育所等は、きょうだいの身に起こりそうなことを児童相談所や対応機関と情報交換をしながら予測し、子どもにていねいな声かけを行います。表面上は気丈に振る舞っているようでも、きょうだいには、不安があることを見越し、１対１のかかわりを増やします。保育者は、そばにいて受け止める存在であることを示し、子どもにとって保育所等が安心できる場所になるように心がけます。　　　　　　　　　　　　　　　　　　　　　　　　　　　　◆

10 チームアプローチ

（1）チームとは

　チームとは、いろいろな人が集まっている1つの個体です。チームであるということは、「チームのメンバーが認証されている」「明確な目標がある」「チームで対応する対象となるケースが存在している」ということです。

　例えば、保育所等で加配保育者や担任、複数の主任や所長を含めて、1つの家庭に対するチームができたとします。その時に、チームの目標がはっきりしていることが大切です。

　対象である子どもや保護者は、チームのメンバーが変わると、それまでとは異なる言動を見せることがあります。問題を抱えている保護者は、対人緊張気味の人が多いです。対人緊張というとしゃべらない人をイメージするかもしれませんが、自分を守るために他人に質問させない、相手にしゃべらせないために多弁になる人もいます。保護者との対応は押したほうがいいのか引いたほうがいいのか、怒り役となだめ役をつくるなどの役割がチーム内で具体的になっていることが大切です。

　例えば、早出や遅出の保育者、栄養士、看護職の保護者対応の役割は明確になっているでしょうか。また、連携機関の保健師、警察官、行政職員、児童相談所・家庭児童相談室（ケースワーカー）と保育者との役割が明確になっているでしょうか。お互いの役割を尊重し合う関係がないとチームワークは崩れます。普段からチームを意識したコミュニケーションがとれているかどうかが大切です。いきなり集まって、顔を知らない人と「今からこのケースを支えていきましょう」と言われても難しいですね。

（2）チームアプローチとは

　よく、エビデンスに基づくアプローチという言い方をします。チームアプローチで大切なのは、エビデンスを中心に話し合いを行うことです。例えば、「最近、ちょっと子どもの様子がおかしい」というのは、どのような事実を積み上げて「ちょっとおかしい」と言っているのかが大切です。「最近は視線が合わない」とすれば、いつからなのか、誰と視線が合わないのか、どんな場面なのかなどを明らかにすることです。給食を食べている時に、「おい

しい?」と声をかけると、以前は目を合わせて「おいしい」と言っていたのに、今は目を合わさずガツガツと食べているという話になるかもしれません。

そういう事実が明らかになってくると、視線が合わないことだけでなく、ガツガツと食べることを問題にしたほうがよいかもしれません。大切なことは、誰と一緒の場面でどんなふうに視線が合わないのかという事実を具体的に積み上げることです。そうすることで、別の事柄が明らかになるかもしれません。こうした事実は、その子どもを知らない人が聞いても、大まかに理解できることが大切です。

異なる立場の職員や関係機関の専門職がその情報に接した時に担当者に近いイメージを共有できなければ、チームとして役割分担がうまく進みません。

チームアプローチの最終的な目標は、チームに保護者が参加することです。外国では、チームの会議に保護者も参加します。

（3）アセスメント

アセスメントとは、保育のさまざまな場面で見えてきた子どもの様子を書いた保育日誌や、子どもの育ちの記録などから見えてくる評価です。子どもに絵を描かせた時、もし黒と茶色しか使わなかったら、この子どもの気持ちはどうなのかなと想像したり、普段の様子から、この子どもは家庭でこのような状態かなと評価することです。つまり評価とは、こうじゃないかと保育者が考える仮説です。

筆者は、保育所等に飾ってある絵を眺めるのが好きです。「この子どもはしっかりと育っているな」とか「この子どもは育ちに課題を抱えているのではないか」と想像しながら見たりします。保育場面での言動、作品、保育者とのかかわりなど、観察できるところから子どもの内面（心理）を理解しようとします。観察にはアセスメントシートを用いることがあります。日常の観察とその記録、アセスメントシートによる評価を複数用いることで、アセスメントの信頼性は高まります。

（4）限界の予測

チームアプローチでは、チームの限界をどこに置くのかも大切です。限界になったら、保育所等で抱え込まず、要対協などのチームに戻し、保育所を含めた役割分担について話し合わなければなりません。児童相談所や家庭児童相談室の担当者からも保育所の役割について積極的に考えを聞きましょう。

ポイントは、保育所等内での限界をどこに設定するかです。例えば、1週間登園しない子どもに対して、家庭に電話をすると、「朝起きられません」「明日は行きます」という返事が繰り返されるとします。1週間子どもの様子が確認できていない状況で、保育者が家庭訪問に行って、何とか子どもと会おうとするものの子どもと会えなかった場合はどうすればよいのでしょうか。家庭や子どもの状態によって異なりますが、この場合は緊急を要すること、つまりアセスメントによる子どもの状態の把握が明確になっているかどうかです。家庭訪問をしても会えない場合や子どもと会えても家族の中に知らない大人（内縁者）がいた場合などは、保育者・保育所等で子どもと家庭の状態を評価せず、対応機関を含めたチームで協議をしなければなりません。保育所チームで対応することの限界を、はっきりと対応機関に伝えることは、ひいては子どもと保護者を守ることにつながるのです。

（5） 専門職同士のチームワークを育む留意点

❶できるだけ相手から話を引き出す

相談をしたりチームワークをよくしていこうという時は、自分から対応機関・関係機関の担当者に電話をしたり会いに行きます。その時、自分が先に話をして相手の担当者に「どう思われますか」と尋ねる対応はチームのコミュニケーションとしては配慮が足りません。できるだけ自分の話は短めにして、「このケースについてどのようなことを把握されていますか」「ご存じのことがあったら教えてください」と質問し、情報提供を含めて相手に話をしてもらうように働きかけます。

保育所等と児童相談所がかかわるケースで、きょうだいの情報を得るために学校の先生と連携をとる必要があり、先生にも家庭に対して積極的に動いてほしい場合、「保育所の〇〇です。児童相談所と一緒にケースを担当しているのですが、先生はきょうだいや保護者についてどうお考えになりますか。お子さんをご覧になってどう思われますか」と、できるだけ早く相手に先に話をしてもらうようにします。

そこで「先生はどんなところを難しいと考えていますか。どんなふうに把握されていますか」と相手の考えを先に聞きます。「何度やっても保護者と子どもとうまくいきません」という相手の言葉に「先生もご苦労されているのですね」「私たちは先生の動き方を見習いますので、先生と協力させてもらえないでしょうか」と、保育所等と学校が歩調を合わせられるようにします。

専門職同士でチームをつくる場合は、どうすれば一緒に動けるか考え、同じチームの考えを尊重するようにします。そこではコミュニケーションの工夫も必要になります。

❷偏見を持ち込まない

例えば、「保護者がしっかりしていないので、子どもが不安定になる」という評価は、一理あるかもしれません。しかし、子どもが不安定になる要素はたくさんあります。友だちとの関係だったり、先生との関係だったりするかもしれません。保護者からすれば、先生がうまくやってくれないから子どもは不安定になると思うかもしれません。

ですから、「一般的に考えたら、こんなふうだろう」という偏ったものの見方や思い込みはチームの中ではなくすようにしましょう。「虐待を受けた保護者が子どもを虐待する」というのもステレオタイプな考え方です。統計的には、虐待を受けていない保護者も同じくらい虐待をしています。

❸聴き上手になる

聴き上手とは、確認上手ということです。相手の話を「ええ」「うん」「なるほど」と聴いているだけでは、聴き上手とは言えません。「先生のお考えはこういうことですね」「○○さんはこのように思っておられるのですね」と、相手の言ったことを1つひとつ確認することです。相手の話を整理することが聴き上手ということになります。

❹「どうせわかってくれない」と考えない

自分たちが信じていることや感情を聴き手は理解してくれないと考えないようにすることです。理解してくれないと思い込むと、日常的に「どうせわかってくれない」という気持ちになり、自分の考えていることをオープンにしなくなります。結果として、自分の主張を止めてしまい相手への不信感をつのらせてしまいます。自分の考えを「わかってもらいたい」という強い気持ちをもちましょう。

自分たちがどのように感じ、何を考えているかを聴き手はすでに見抜いていると思うあまり、自分たちの考えを相手に伝えようとしないこともあります。ですから「相手はわかってくれているだろう」という過剰な信頼にも気をつけたほうがいいでしょう。

❺言うべきことは言う

　自分たちが批判される、偉そうに見られてしまうと思い、相手に正直かつ積極的に、危険を冒してまで伝えようとしないことがあります。特に、虐待や障害についてどうするかとなった時には、チーム内で誰かが悪者になるくらいに主張しないと、よい方向には向かいません。

　皆さんも、誰かが意見を言わないといけない時は、進んで発言する役を担ってください。ケース検討会議の場ではチームに緊張感をもたせることが、子どもの命を守ることにつながるのです。

❻チームに溶け込む

　溶け込むというのは、あくまでも意識の問題です。例えば、初めて子どもや保護者と会う時に、どうやって仲良くなろうか、どうやって信頼関係をつくろうかと考え、相手によってスタンスやかかわり方を変えようとします。

　チームワークを意識しなければならない会議では黙っていると溶け込めないので、言葉づかいや姿勢、雰囲気を考えることが大切です。相手が積極的に話をする時に、背もたれに身を引く姿勢は止めましょう。逆に、チームのメンバーが背もたれに寄りかかって考え事をしている時に、保育者だけが身を乗り出していても保育者の思いは伝わりにくいと考えましょう。これらは小さな例ですが、チーム内の雰囲気に波長を合わせることはチームメンバーとして大切な振る舞いになります。

❼簡潔な話し方を心がける

　多くの人の課題でもありますが、話し出すと長く、いつ終わるのかわからない話は気をつけたいものです。限られた時間でケースの検討をする時は、「問題は3点あります」など、最初に簡潔に述べましょう。慣れるまでは、どう言うかをメモ書きしておくといいでしょう。「言うべきことは言う」という気構えで、しっかり簡潔に伝えることを学びましょう。

❽証拠（エビデンス）に基づく

　証拠に基づいているということは、誰が言っていることか、保育者が見たことか、伝え聞いたことかなどを指します。障害のあるケースや虐待の疑われるケースで、チームの中で主張しなければならない時は、事前にどこまでの証拠をつかんでいるか確認します。

　証拠をつかんでいなければつかんでいないこと、伝え聞いた話だけれども事実は不明であることを明確にします。私たちはこう考えているとチーム内

では話しますが、事実の証拠等に基づく考えなのか、証拠に基づかない考えなのか、使い分けをしなければなりません。ここが混在し、子どもたちの言っていることなのか、他の人が思っていることなのかが不明確なことがあります。

❾チームの関係性に着目する

誰がチームの中でリーダーシップをとるのかが大切です。虐待のケースでは、リーダーシップをとるのは市区町村の家庭児童相談室、児童相談所であることが多いですが、リーダーとメンバー、メンバー同士の関係性を見ていく必要があります。

❿メンバーの長所を把握する

チームでやっていると、意見が合うことと合わないことが出てきます。子どもの命を守るために時には支援方針や役割分担をめぐる意見の対立関係も必要です。一方でメンバーの協力関係を強いものにするためには、強みや長所といった各々の機関の担当者の良いところを把握するようにしましょう。お互いが支えながら保護者や子どものために一生懸命やろうとしているという意識をもって臨むと、発言する時の顔つきも変わります。表情や目力の強さが違います。緊張感をもち、長所を見つけ、支え合う意識をチーム内で高めてほしいと思います。　　　　　　　　　　　　　　　　　　◆

Ⅲ 応用編

　虐待の発見から通告までの流れを見てきました。次に、実際の事例から、保育所等の対応を考えます。

第 6 章

個別事例から学ぶ
保育所等の可能性

CASE 1

若年母親によるネグレクト

事例概要

Aちゃん（4歳女児）の母親は、高校を中退して半ば家出同然で大阪に出てきました。母子健康手帳を取りに保健センターに来たときには妊娠期後半で、妊婦健診もほとんど受診していない状態でした。母親の年齢が若年になるため、市では特定妊婦として見守りを開始しました。出産後、母親は同居していたAちゃんの父親と入籍しましたが、父親は非正規労働のため、収入が不安定でした。また、近隣に育児を支援してくれる親族がおらず、夫婦と同年代の夫婦の友人と称する男女が日頃から何人も出入りしている状態でした。

母親はAちゃんをかわいいと思う気持ちはあるようでしたが、育児の知識が乏しく、生まれたての赤ちゃんに何をすればよいのか、何が必要なのか、よくわからない様子でした。保健師はたびたび家庭訪問をして、育児のアドバイスをしたり、Aちゃんの発育を見守ってきましたが、ミルクの量を十分に与えられていないのか、発育が小さめでケアが必要な状態でした。

家族構成

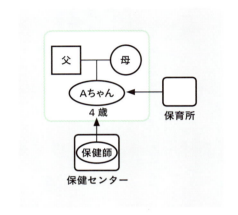

支援の経過

保健師が家庭訪問に行くと、家の中はいつも足の踏み場もない状態で、床にはいろいろなものが散乱しています。使用済みのおむつがいくつもAちゃんの布団の横に放置されていたり、父親と母親が吸うたばこの吸い殻や灰皿、小銭など、Aちゃんが口に入れたら危険なものもありました。台所は食べ残した惣菜や洗わずに放置してある食器類であふれかえっており、決して衛生的とはいえない状態でした。

保健師は訪問のたびにAちゃんの体重を測定し、育児の様子を気をつけて見守ってきました。Aちゃんは体重の伸びが悪いので、ミルクの作り方や与

え方なども細かく見ていくと、ミルクを計量せずに適当に作っていたり、哺乳瓶は煮沸消毒せず、水道水をそのまま使っていました。また、おむつは尿や便が漏れてくるまで替えないなど、いくつも課題が見えてきました。訪問するたびにいろいろなアドバイスをしましたが、受け入れて取り組む様子もなく、状況の改善が見られませんでした。

　保健師は市の家庭児童相談員に報告し、状況改善のために何ができるか検討していた矢先に、近隣から「夫婦が赤ちゃんを置いて出かけている」と連絡がありました。この通告をきっかけに、Aちゃんをネグレクトケースとして要対協で見守っていくことになりました。

　夫婦には「短時間であっても子どもを置いて出かけることはいけないこと」と家庭児童相談員が説明し、できれば当時母親が行っていた夜間就労を昼の就労に変えるよう、保育所の入所を勧めました。こうしてAちゃんは、生後4か月で保育所に入所してきました。

子どもの様子

　入所当初は登所が続かず、来ても持ち物が揃わなかったり、迎えの時間が連絡なしで遅くなったりすることがありました。衣類やタオル、おむつなどを貸し出してもすぐには返却がなく、家の中で紛れてしまっていることもありました。また、お風呂に入っていないのか、髪がべたついていたり、においが気になることもありました。

　Aちゃん自身は次第に保育所での生活や担任に慣れ、順調に発育していきました。母親への愛着行動も見られ、その様子を母親が嬉しそうに受け止める姿も見られました。

　身長・体重に伸びが見られ、生命の危険はなくなったものの、1歳児クラスになると、言葉の発達がゆっくりで、絵本や手先を使う遊びに集中できずにうろうろする姿や、生活の簡単な見通しがもてず、保育者の声かけだけでは次の行動に移れない姿も見られるようになりました。家庭での経験不足や持ち物が揃わないことなども影響していると考え、保育所では持ち物がないことで他児と経験に差が生まれないよう、保育所のものを使用するなど配慮しました。可能な時にはシャワーで身体を洗い、清潔にしていることが心地よいことを経験できるようにしました。

支援のポイント

　通告以降、予告なしで家庭訪問するなどして養育に問題がないか確かめたりしました。家庭訪問に行く際には関係機関が連絡を取り合い、いつ誰が行くか、間隔や行く時のねらい（何に着目して親子の様子や家庭環境を見るか、何について声をかけるかなど）を共有するようにしていました。

支援のポイント

　ある夕方、母親の迎えが遅くなったことがありました。Aちゃんが保育者と1対1で遊んでいるところへ母親が迎えに来たのですが、Aちゃんがにこっと嬉しそうに手を差し出す姿を見て、母親も嬉しそうに「遅くなってごめん」と声をかけました。保育者がAちゃんが遊んでいた様子を伝え、「ママのお迎え嬉しいねぇ」と声をかけると、母親は帰り際に「ありがとう」と職員に声をかけて帰りました。Aちゃんへの「ごめん」も職員への「ありがとう」も初めて聞く言葉でした。

　Aちゃんの様子が母親を和ませた場面を見逃さず、Aちゃんの気持ちを代弁することで母親もさらにほっとできた様子でした。まだまだ育児に課題も多い母親ですが、こんな小さな支援の積み重ねが親育てにつながっていくことを実感できました。

解説

個別カンファレンス…要保護児童の中でも心配な状態が続き、対応や連携を強化したほうがよい場合などに、関係機関が集まって開かれる会議です。参加者はケースによって異なりますが、Aちゃんの場合、家庭児童相談員が連絡調整を担当し、児童相談所、保健師、生活保護のケースワーカーや区の家庭支援担当保育士のほか、保育所からは所長や日頃世話をしている担任も出席していました。

支援のポイント

保育所ではクラス担任が毎日の送迎者と送迎時間、体重、その日の様子をきめ細かく記録してくれたため、個別カンファレンスではその記録をもとに父母やAちゃんの様子を知ることができました。父母にお願い事などを伝える時には所長が声をかけ、日頃のやり取りは担任が中心になって行うなど、保育所内では役割分担ができていました。

👓 保護者の様子

父母ともに子どもをかわいいと思う気持ちはもっているものの、十分な世話はできておらず、なかなか自分たちの生活のペースを変えることができませんでした。特に父親は就労意欲が乏しく、保健師や保育所の職員が家庭訪問をしても、部屋に閉じこもってゲームに没頭していることもありました。生活費に困った母親が夜間就労に出かけている間、父親が十分に子どもの世話をしているのか心配な日が続きました。

保育所への入所も、必要に迫られたからというよりは、保健師からの勧めで決まったため、必要性を感じないためか、続けて登所することができませんでした。

母親は関係機関に対して人見知りや警戒の気持ちが強く、なじむまでに時間がかかりましたが、最初からかかわりが深かった担当保健師や、保育所の職員には、次第に心を許すようになりました。自分の子ども時代の話やAちゃんに対する素直な気持ちを聞くこともできるようになり、母親自身の育ちが今の生活や育児の背景になっていることがわかってきました。

支援の内容

要対協での見守りと並行して、虐待ケースについて話し合う会議でAちゃん親子を取り上げました。その際、養育に問題が多く、関係機関の役割の明確化が必要ではないかという意見をもらい、その後定期的に関係機関で個別カンファレンスをもつようになりました。個別カンファレンスでは、父母の就労の状態や養育の様子、Aちゃんの発育・健康状態などをきめ細かく確認し、時には病院とも連携をとりました。ネグレクトの状態がさらに悪化するようならば、児童相談所がすぐに一時保護などの態勢を整えるようにし、保育所はAちゃんの発育の見守りと登所が続くように働きかけることにしました。

保育所では入所時の経緯から、Aちゃんの発育をより細やかに見ていく必要があると判断し、1週間に二度体重を量ったり、朝と夕とで比較するなど、こまめに体重管理をしました。発達曲線で最低となるぎりぎりのラインで推移していた体重は、次第に増加が見られるようになり、離乳食も順調に進めることができました。

また、母親にAちゃんの育ちの様子を細かく伝えたり、少しでもコミュニケーションをとり、信頼関係を築くようにしました。母親のAちゃんへのか

かわり方や保育者への対応は日によって波がありましたが、次第に登所する良さ（楽さ）がわかってきたようで、1歳児クラスになる頃には続けて登所できるようになりました。

　発育の伸びに安定が見られ、登所が続くようになった頃、支援の内容や方法について見直すことになりました。続けて登所することについては改善されましたが、衛生面はまだ課題が見られ、引き続き見守りや支援が必要と判断しました。当初は続けて登所することが目標になっていたため、送迎時間が守られないことや持ち物が揃わないことには触れないようにしてきました。しかし、Aちゃんの今後の成長を中心に考えると、保育所としては、Aちゃんが困ったり戸惑わないよう、送迎時間や持ち物などのルールを守ってほしいと考えています。また、保健師の訪問も成長するにつれて間隔が空くようになり、養育の見守りの比重が保育所にとって大きくなってきました。そこで、保育所だけが負担感を感じないように、どんな時に関係機関がかかわりをもつのかを改めて整理しました。

まとめ

　Aちゃんのケースでは父母が保護者になりきれていないため、自分たちの生活を優先している状況がありました。乳児が育つ環境ではない中で、月齢が低いため、何かあれば生命に直結する危険があり、常に関係機関が連携しあって見守ったケースでした。保育所が母親も含めて丸ごと受け止めたことで、登所の継続につながったのではないかと思います。日頃から地域で関係機関がネットワークづくりをしておくことが重要だと再認識しました。

　虐待対応は子どもと保護者をどのように支援し、見守っていくかが大切ですが、支援者側の支援体制の構築も、支援がうまく機能するかどうかのカギになります。入所すると保育所等任せになりがちな見守りや保護者対応ですが、保育所等だけがしんどさを抱えるのではなく、逆に支えてもらっていると思える支援体制が大切です。

コメント

　関係機関との連携、保育所等の役割の明確化、子どもの愛着の回復、保護者の愛着対象としての保育者の立場等について考えてみます。

関係機関との連携

①関係機関のキーパーソンである保健師と子どもの育ちと家庭環境についてていねいな情報交換が行われています。家庭の様子などは保健師が把握していることが多く、できるだけ

早めに情報を共有することがケースの理解を深めることにつながります。

保育所等の役割を明確化

②要対協で情報を共有し、関係機関と情報を交換しながら、役割分担の確認ができています。保育所等は子どもの育ちを見守るために体重測定をこまめに行うなどして、安全管理をしています。

子どもの愛着の回復

③保育を通して保育者と1対1の関係を築き、愛着のベースとなる子どもが安心・安全感を獲得できるためのていねいなケアが行われています。子どもの愛着を回復させるためには、保育者の1対1の関係とともに、多くの保育者が子どもに声をかけるなどします。それによって保育所全体が子どもにとって安全基地であることが意識できるようになるのです。

保護者の愛着対象としての保育者の立場

④若年出産や生活に困難を抱えている家庭の場合、父母ともに自分の保護者からていねいなかかわりを受けていない可能性を考える必要があります。保育者が父母の育ち（幼児期から思春期）を想像し、父母に対して親的なかかわりをすることで、父母の育ち直しの機会となることがあります（第5章第5節などを参照）。

⑤複数の支援者で見守ることが必要です。保護者は支援者によって見せる態度が異なることもあります。支援者は保護者の態度に惑わされずに落ち着いた対応をしましょう。保護者が見守られることに安心感をもつことができれば、安定した支援関係の中で関係を広げることができるでしょう（第5章第7節などを参照）。

⑥Aちゃんだけでなく母親も保育者との愛着関係が育つ中で、登所を楽しみにできるようになっています。保育者の声かけをベースに母子ともに保育所等を安心できる場所として認識しはじめている証拠といえるでしょう。 　　　　　　　　　　　　　　　　　　　　　　　　　　　　（倉石哲也）

CASE 2

精神疾患を抱える母親による身体的・心理的虐待

事例概要

Bちゃん（2歳女児）は母子家庭で育ち、母親の就労支援のため2歳児クラスに途中入所してきました。入所当初、母親は少し荒い口調が気になるものの、Bちゃんをかわいがっていて、職員に対してもていねいに受け答えしようとする様子が見られました。近隣に育児を助けてくれる実母（Bちゃんの祖母）がいましたが、母娘の関係はあまりよくないようで、なるべく連絡をとりたくないように見受けられました。

そんな母親とBちゃんでしたが、日が経つにつれて、ちょっとしたことで母親がBちゃんのことを小突いたり、Bちゃんが言うことを聞かないとイライラして「はよせえや!」「なぐったろか」などと威嚇するなど、荒いかかわりが見られるようになりました。

また、財布や携帯電話を失くしたといっては次々に新しいものを買ったりするのに、お金がないといって日々の生活にも困っている様子が見られるなど、自分の交友関係や生活の様子などを担任に話す際に辻褄が合わないことがあり、どこまで本当のことを話しているのかわからないことがありました。

家族構成

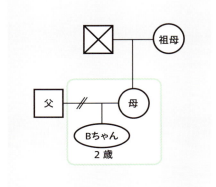

支援の経過

ある日、母親がふらふらしながらBちゃんを連れて登所してきましたが、来るなり保健室に座り込み、「足をけがした」と言います。見ると本当に出血していましたが、他にもあちらこちらに擦過傷や打ち身の痕が見られました。どうしてそうなったのか状況を聞いても、受け答えのろれつが回らず、

解説

家庭支援担当職員…
市町村の保育士が保
育所等で保護者対応
の役割を担い、市町
村とのパイプ役を果
たしている。

支援のポイント

保護者支援をどの
範囲までするかの判
断は非常に難しいで
す。ケースによって
要求されることもさ
まざまなので、答え
は1つではないと
思いますが、大事な
ことは①保育所等が
できる範囲で無理せ
ず、②保育所等だけ
で解決しようとせ
ず、関係機関との連
携の中で、③次につ
ながる支援であるこ
とだと考えています。

支援のポイント

子どもから話を聴
き取る時には、たと
え聴きたいことが
あっても、なるべく
答えを誘導しない聴
き方になるよう気を
つけています。
自然な会話の中で
子どもが自発的に話
してくれる時もあれ
ば、年齢によっては
聞きたいことがあっ
てもこちらの意図を
察知して何も言わな
いこともあります。
やりとりの際には子
どもの表情によく気
をつけ、言いたくな
さそうな時には無理
に聴き出さない、他
の話も混ぜながら聴
くなどを工夫をして
います。
何より大切なこと
は、配慮が必要な子
どもとは、何でもな
い場面でのコミュニ
ケーションを密にし
て、信頼関係を築い
ておくことだと思い
ます。

けがの説明も曖昧なままでした。

母親がそのような状態ではBちゃんの安全が守られないため、対応した職員が所長に報告しました。所長は日頃の気になる様子も含めて市の子育て支援課に相談して、Bちゃんの家庭の情報提供を依頼しました。

入所の際にはわかりませんでしたが、調べるうちに、母親自身も虐待を受けて育ち、施設で暮らしていたことがあり、精神的に不安定で精神科から投薬を受けていることなど、母親の生い立ちや生活の様子がわかってきました。

この件がきっかけとなり、Bちゃんは要保護児童として要対協で見守っていくことになりました。

その後、母親の不安定な様子がさらに目立つようになってきました。仕事を見つけても長続きせず、お金のめどがないのに高額商品を購入したりします。生活費が足りなくなると不安が高まり、Bちゃんにきつくあたったりする一方で、職員には何が本当かわからない話をします。恋人ができるとしばらく安定しますが、けんかをしたりトラブルに巻き込まれたりするとまた不安が高まるという繰り返しでした。

ある日、母親から「登所途中に動けなくなったから迎えに来てほしい」と電話がかかってきたことがありました。今までにも「送っていけないから迎えに来てほしい」などの電話がかかってきたことがありました。しかし、一度送迎を手伝うと、二度目三度目と要求がエスカレートする可能性があったので、保育所でできることとできないことを職員が意思統一した上で、送迎の手伝いは断っていました。

今回は明らかに電話の様子がおかしく、あわてて様子を見に行くと、母親は見知らぬ通行人と口論になっていました。間に入ってその場を落ち着かせ、母親に「ここでBちゃんの受け入れはできないから、しんどくても保育所まで一緒に来てください」と声をかけました。このように興奮すると気持ちが高ぶり、自分の感情をコントロールできない姿がたびたび見られたのです。

それからは母親の様子に気になることがある時には、すぐに家庭児童相談員に報告しました。Bちゃんがけがをしてきた時にはすぐに現状確認に来てもらい、お迎え時に所長と家庭支援担当職員が母親と面談することもありました。すでに要保護家庭だったので、母親の気になる様子が頻繁になってからは、個別カンファレンスをもつこともありました。

子どもの様子

　Bちゃんは大人に甘えるのが上手で、かかわりを求める一方で、気に入らないことがあるとすぐに手が出て、友だちとトラブルになることが多くありました。日頃から母親の荒いかかわりや口調に接しているからか、母親そっくりの巻き舌で威嚇する姿もありました。

　遊びではじっくりと遊びこむことができず、遊びが転々と変わっていく姿が見られました。じっとしていることが苦手な姿は、年齢が上がるにつれてさらに目立つようになり、保育者の声かけが耳に入りにくいため、個別の配慮が必要でした。

　家庭でていねいに見てもらえず、放っておかれていることは容易に推測できたので、保育所ではBちゃんにていねいにかかわり、個別に配慮するようにしました。また、母親から叩くなどの暴力を受けている可能性も高かったため、毎日の受け入れの際や着替えの時などに、身体の様子に気をつけるようにしていました。Bちゃんの話から、家に頻繁に男性の出入りがあることや、男性が母親に暴力をふるうなど心配な様子もうかがえたため、母親の様子とあわせて、気になることがあった時には家庭児童相談員に報告し、常に情報共有するようにしていました。

保護者の様子

　母親はBちゃんのことをかわいがって、キャラクターグッズを買ったり、休みの日には遊びに出かけたりするなどのかかわりはありましたが、かわいがり方に自分本位なところが見られました。Bちゃんに言うことを聞かせるためにモノを買い与えたり、自分がしんどい時やBちゃんが思いどおりにならない時にはきつい口調でどなるなど、かかわり方が一定でないため、Bちゃんが戸惑うこともありました。

　母親は基本的におしゃべりが好きで、誰かに自分の話を聴いてほしい様子があったので、担任だけでなく、所長や主任、家庭支援担当職員なども声をかけるようにしました。職員と信頼関係ができると、家でのBちゃんの様子や母親自身のことも話してくれました。話を聴いたら保育所内で共有し、辻褄の合わない話や心配な内容の時には、関係機関にも報告しました。

支援のポイント

　ある時、母親がふらふらの状態でBちゃんを迎えに来たことがありました。保育室に入る前に事務所に入ってもらい、そんな状態では連れて帰るのが危ないから、おばあちゃんに助けてもらおう、と説得しました。しかし聞き入れられず、最後は苦渋の決断で「帰りにもし事故に遭ったら後悔するはず…今日はBちゃんを渡せない。一緒におばあちゃんを待とう」と言うと、母親は怒って一人で帰ってしまいました。母親がお迎えなどで実母の力を借りたくないのはわかっていましたが、Bちゃんの安全を考えるとそうせざるを得ない状況でした。

　それからしばらく母親は口をきいてくれませんでしたが、その後も登所は続き、母親が保育所を頼りにしていることを感じました。緊迫した場面でどういう対応をとるか、状況判断が難しいです。

支援の内容

　要保護児童になった後は、ケース連絡会や個別カンファレンスを通じて関係機関と情報を共有しました。母親の男性関係と服薬コントロール、金銭管理、育児を助けてくれる祖母とのつながりをどうつくるかなどが課題になりました。母子の様子は毎日保育所で確認できるので、変わったことがあればすぐに連絡をとり合うことを確認しました。母親は自分の疾患の件で保健センターとつながりがあったため、保健師から精神保健福祉士とのつながりをつくってもらい、受診や服薬のアドバイスを受けられるようにしました。

　母親は自身の幼少時代の経験から実母に対してわだかまりをもっており、お迎えなどをあまり頼りたくないというものの、気持ちの波や自分の遊びの都合などでお迎えが遅くなり、困った保育所が祖母に連絡をとることもありました。母親以外に支えてくれる近親者がいることは、今後のBちゃんの成長にとっても重要ではないかと考え、母親の葛藤にも配慮しながら、母親と祖母をつなぐ役割を担いました。

　その後、残念ながらBちゃんは何度か一時保護になりました。保育所からの通告で一時保護所に行くこともあり、そんな時には職員みんながつらい思いでした。保育所に児童相談所の職員が迎えに来る時は、他の保護者が出入りする時間を避けてもらう配慮をお願いしたり、母親への連絡を誰がどのタイミングで入れるかを確認しました。

　一時保護から戻る際には個別カンファレンスを開催し、その後の見守りについて確認した上で、役割分担を明確にしました。また、引き取りの際の母親との約束事を確認し、次に何かあった時にも対応しやすくするため、関係機関が連携して支援していることが母親に伝わるようにしてもらいました。

まとめ

　Bちゃん親子に対しては、保育所で対応できることとできないことがはっきりしていたので、関係機関と連携がとりやすいケースでした。親子の見守りと何かあった時の対応は保育所で行いましたが、病院受診や服薬管理、金銭管理に関することなどは他の機関しかわからないことも多く、役割分担と連携の重要性を実感できました。

　母親はBちゃんをかわいがる気持ちはありましたが、精神的な波が大きく、体調によってBちゃんの生活も不安定になり、時には暴力などの心配もありました。また、育ってきた環境から自分の母親に対して複雑な思いを抱えており、そんな母親の葛藤を十分理解した上で、母親支援とBちゃんの安全を

最優先にすることの狭間で、対応に難しさがありました。

コメント

　不安定な保護者への支援、要対協との連携、子どもから得る情報、波長を合わせる、保育者の支援と保育所等の限界について考えてみます。

不安定な保護者への支援

①母親自身に精神的な不安定さが見られたり、保育者の伝えること等を理解する力が弱いと思われる場合（発達上の偏りがある）には、保育所等だけで抱え込まないように、早めに関係機関と情報を共有することが大切です。情報共有を通して保護者の特性が理解できれば、対応方法が見出せることがあります（第5章第6節参照）。

要対協との連携

②保健師や家庭児童相談室と頻繁に連絡をとり合い、状況を確認しながら、対応方法を共有しておくことが必要でしょう。要対協での協議を含めて保育を通した支援方法の検討ができています。保育所等でできることと限界を明示するためにも、頻繁な情報の共有は必要となります（第5章第10節参照）。

子どもから得る情報

③子どもからの話を通して、家庭内における子ども本人の安心と安全を確認します。子どもの様子、言動などから、内縁者などの人の出入りを慎重に確認します。家族構成の変化は子どもへの虐待が悪化する一つの要因です（第5章第10節参照）。

④子どもから得た情報を保護者に確認する際も、子どもが保護者から怒られないようにするための配慮が必要になります。直接の確認が難しい場合には、関係機関に情報提供し、確認を依頼することが大切であると事例から読み取れます（第5章第10節参照）。

波長を合わせる

⑤母親の話したいことに保育者が"ある程度のお付き合い"をすることは信頼関係を構築するために有効な手段となります。これを「波長合わせ」と呼びます（第5章第7節参照）。

保育者への支援と保育所等の限界

⑥一時保護をされることは、子どもにとっても保育者にとってもつらい体験になります。保育者の支え合いの関係づくりが、一時保護から家庭に戻った際の子どもを温かく見守るためにも大切となります（第5章第2節・第3節参照）。

⑦保育所等で出来ることと限界の設定を明確にし、関係機関と役割分担を繰り返し確認することが子どもを守ることにつながります（第5章第10節参照）。　　　　　（倉石哲也）

CASE 3
愛着の形成が困難な親子

事例概要

Cちゃん（5歳男児）は2歳児クラスの時に入園してきました。他市に在住していましたが、両親の離婚により、母親の実家のある本市に転居してきました。母親自身、子どもの頃より親との間で愛着関係が形成されず、親元から離れて生活するなど、親子関係にさまざまな問題を抱えていました。そのため、実家のそばに来たものの、親を頼ったり行き来することはありませんでした。

園はまず、家庭支援担当の保育者と担任、事務所の職員が役割分担し、担任はCちゃんの思いを受け止め、母親にCちゃんの姿を通して良いところやかわいいところを伝え、事務所の職員と家庭支援担当の保育者が母親の話をじっくり聴いていくことにしました。関連機関と連携を取り、親子にとってどのような支援が必要なのかをともに考え共有していきました。

家族構成

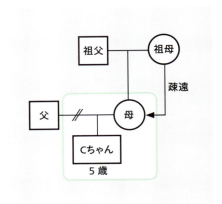

支援のポイント

"子どもにとって"という立場だけで話をするのではなく"母親にとっても良い方法"というところで母親に話をします。

支援の経過

入園後まもなく、母親の受診先の病院から、Cちゃんの背中にあざがあり、母親の対応も気になると連絡が入りました。児童相談所の職員が家庭訪問し母親に状況を尋ねたところ蒙古斑との返答でした。母親はCちゃん自身に育てにくさを感じ、家の中の家具をバラバラに壊したり、家の中をぐちゃぐちゃにして「もう死にたいくらい嫌になった」と園長に話したそうです。

3歳児クラスの時、Cちゃんが泣きながら登園してくることがありました。理由を尋ねると、「母親に蹴られた」と言います。見ると傷になっていて市の対応機関に連絡すると、傷の具合を見に来ました。対応機関が家庭訪問し、傷になった経緯を母親に尋ね、1つ間違えたら大けがにつながることを伝えると「叩くこともあるけど、考えてやってる」との返事。今後も同様のことが続けば、Cちゃんは一時保護になることも含め、話をしました。

| I.導入編 | II.実践編 | **III.応用編** |

5歳児になり、母親を困らせることを繰り返すようになり、母親はその怒りをCちゃんにぶつけていました。保育者はCちゃんが興味をもって遊べるものがないからではと伝える一方、紙や鉛筆の提供や、ペットボトルに白い色水を入れて、怒りたくなったらこれを流すように母親に持たせたりもしました。

感染症にかかって園を休んだ時は、母親がしんどくならないようにと、職員が家庭訪問を続けた後、家にCちゃんの居場所がつくれるよう（Cちゃんが遊べれば母親が困る行為も減り、母親も楽になることを話し）、Cちゃんの部屋を片づけて遊べるスペースをつくりました。

母親との約束（壁に落書きしない・トイレで遊ばないなど）が守れたら、園と同様にシールを貼ってもらい、シールがたまれば母親からご褒美がもらえると設定し、母親とCちゃんが会話をしたり、やりとりする姿が増えました。

家庭支援担当の保育者はCちゃんの表情や様子がいつもと違ったり、朝母親が怒っていた時などは、事務室に連れてきて、何があったのか、何が嫌だったのか、どうしたかったのかなど1つひとつ聴き取り、Cちゃんの気持ちに寄り添ったり、担任と情報を共有しCちゃんの思いを伝えるなど、子どもと保育者の橋渡し役を担ってくれました。就学前ということで、少しでも早く小学校につなげるようにケース会議を開催してCちゃん親子のことを伝え、共有する機会をもちました。

> **支援のポイント**
>
> 母親のがんばりや子どもへの思いなど、認めたり肯定できるところは言葉にして伝え、母親にも"認めてもらえている""わかってもらえている"という思いが実感できるようにします。

👓 子どもの様子

母親との愛着関係が築きにくいため、Cちゃんは保育者との関係でも、自分の気持ちを素直に表現することができませんでした。友だちに対しても、どのように接していけばよいのかがわからず、わざと相手の困るようなことをして反応を試してみたり、好きな友だちができると最初は誘い合って同じ遊びを楽しんだり、相手の意向も聞いてかかわっていますが、次第に相手のことを独占したい思いから、威圧的な態度で相手を自分の思うように動かそうとする姿がありました。

他人との関係の中で、相手との距離感がわからなかったり、相手の思いがくみ取りにくいという状況がCちゃんの課題ですが、Cちゃん自身がどうかかわればよいのかがわからずに困っていることを保育者が理解し、Cちゃんの思いや行動を受け止めていくことを大切に保育を進めていきました。事務室で話している母親を待っている時に絵本を読むことが好きで「これ読んで!」と持ってきたり、疑問に思うことは「なんで?」と尋ね、興味や関心をもつことがたくさんありました。

👓 保護者の様子

　母親は仕事の都合で、朝早く登園したり、連絡もなく登園せず、保育所から連絡し、迎えに行くことも多かったです。母親が迎えに来た時は、子どものところに来るよりも先に事務室に来て、職場であったことなどを職員にひととおり話して落ち着くといった毎日でした。このように、まずは自分のことを聴いてほしい、わかってほしいという思いが強く、担任や主任にも話を聴いてもらうことで満足していました。

　自分から周りの保護者に声をかけることはないものの、保護者行事などには参加し、自分の役割を責任をもって取り組む姿がありました。その中で話ができたり就学のことを相談できたりする保護者仲間もできたようでした。

　自分が育ってきた中で愛着関係を築けずにきたことを職員が理解してその思いを受け止めるとともに、不器用な表現ではあるものの、子どもを気にかける姿を認め、担任や事務所の職員と一緒に子育てを考えるようかかわっていきました。

支援の内容

　見守り家庭ということで、関連機関と連携をとり合い、支援の取り組みや役割分担を確認しながら進めていきました。5歳児クラスでは、友だちに対するかかわりで、相手が嬉しいこと、悲しいことってどんなことなのか気づいていけるよう、ふわふわ言葉ととげとげ言葉として取り組んでいきました。

　「友だちがこんなこと言ってくれて嬉しかった」「こんなこと言われて悲しかった」「（仲間に）入れてって言うたのに知らんぷりされた」など、自分が言われたり、されて嫌だったこと、反対に言われて嬉しかったことをクラスの中で伝え合う時間をもちました。そのつどシールを貼り、可視化してわかりやすくしていきました。これは、周りの友だちがCちゃんのとった言動をどのように感じているのかを本人が知る機会となりました。ふわふわ言葉のシール欄が多くなることを喜び「○○ちゃんありがとうって言うてくれてん」と嬉しそうに話す姿がありました。

　園内研究の研修の中で、Cちゃんと母親のかかわりや園での対応の仕方を伝え、支援の方法や取り組みに対する助言やアドバイスをもらい、園としてどう取り組んでいくのかを職員みんなで考える機会をもちました。母親に対しても、自分自身を理解し、認め、母親自身が大切な人だと思われているこ

とを実感できるようかかわることを確認しました。Cちゃんが安心して過ごし、居場所をつくれることで、母親も子育てがしやすくなり、母親のためになるんだと、"Cちゃんのため"を強調するのではなく"自分のため"というところを伝えていきました。

その中で、母親も園からの話に耳を傾けてくれたり「どうしたらいい?」と聞いてくれることが増えました。担任は子どものことを中心に、家庭支援担当の保育者、主任は子どもと保護者、事務所の職員は母親との対応を中心に進めていくことでみんなでかかわっていった感があります。

送迎は母親に来てもらうように働きかけていましたが、Cちゃんが園に行きたくて待っていることがわかり、給食に間に合うように迎えに行くことを確認しました。

まとめ

園内で役割分担を行う中で、各々がもっている情報を共有する大切さを実感し、月1回行われるクラスミーティングで担任・主任・家庭支援担当の保育者と事務職が情報共有する場をもちました。加えて日々さまざまなことが起こる中、家庭支援担当の保育者の日誌を活用し、確認していきました。

子どもや母親の現状、支援の状況を職員が共有することで、職員による母親への声かけや受け皿がつくられていったように思います。

就学を前に、早めに小学校とケース会議をもち、子どもや保護者のことを知ってもらい、そのために園ではどのようにしてきたかを伝え、入学までに小学校参観を行い、学校の様子を知ったり小学校の職員と顔見知りになれたことは、母親にとっても園にとっても安心につながりました。他機関との連携も同じ視点をもち、事例を共有することで協力し相談ができるようになります。良い意味で相互関係をもつことができたと思います。

コメント

反応性愛着障害への対応(園内)、保護者支援の方向性、関係機関との連携について考えてみます。

反応性愛着障害への対応(園内)

①Cちゃんには反応性愛着障害の傾向が見受けられますが、保育者が1対1のていねいな関係をつくることで安心感を抱くようになっています(第5章第3節・第4節参照)。
②Cちゃんがクラスの子ども達に認められる体験(シールに気持ちを表す)を通して、保育所とクラスが安心できる場所だと認識できるようになっています(第5章第4節参照)。

③園内研修で保育者がCちゃんと母親を見守ることで共通認識をもつ機会になっています。担任だけではなく、あいさつや日常の声かけなどのコミュニケーションを大切にすることで、多くの保育者に見守られている感覚を得ることができたと思われます（第5章第7節・第10節参照）。

保護者支援の方向性

④母親は保育者との1対1のかかわりの中で、安心感や信頼感を抱き、「どうしたらいい?」と質問ができるようになっています。自分の戸惑いを話すことができるということは、保育者に心を開き始めたと考えられます（第5章第5節参照）。

⑤母親は保護者行事等で役割を果たすことができるようになりました。行事で役割を果たす体験を通して他の保護者とのつながりが生まれています。自分を取り巻く他者を信用できる信頼関係が獲得された証と考えられます（第5章第7節参照）。

⑦保育者は「叩くことが続けば、（虐待が疑われることになり）一時保護につながるよ」と虐待が疑われていることを母親に伝えています。母親との関係で適切な距離をとるためには、保育者が大切なことを明確に伝える必要があるということが確認できるやりとりです（第5章第1節参照）。

関係機関との連携

⑧保育所は関係機関と情報の共有を行い、保育所の役割（子どもへの保育対応、保護者への対応など）について、協議ができています。保育所が抱え込まないためにも情報共有は重要であることが理解できます（第5章第10節参照）。　　　　　　　　　　　　　　（倉石哲也）

CASE 4

同居人による身体的虐待

事例概要

母親……22歳
Dちゃん……3歳女児（母親が18歳での若年出産）
Eちゃん……2歳女児

　離婚後、生活保護を受けていましたが、母親の就労が必要と生活福祉課の指導により、Dちゃんが2歳、Eちゃんが1歳の時、姉妹同時に入所しました。

家族構成

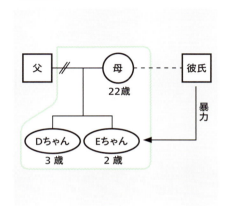

支援の経過

入所当時；母親の就労まで

　4月の一斉入所後、休みがちであったり、登所時間が遅くなりがちではありましたが、子どもたちはそれぞれのクラスでの生活に慣れていき、担任保育者との関係も形成されていきました。子どもたちが保育所に慣れていく一方で、母親は担任と話をする関係にはなりませんでした。就職についても活動している様子が見えず、園長がそのことについて声をかけると「探してます」とだけ返事が返ってきて、それ以上に何か言われることを避けるような感じでした。入所後半年ほどして、母親はファストフード店で働き出し、登所時間も落ち着いて毎日登所してくるようになりました。

支援のポイント

母親は就労予定で、子どもたちが入所したため、一定期間内に就職する必要がありました。母親自身が働きたいという思いで入所したのではなく、生活福祉課の指導に従って入所したため、登所も積極的ではありませんでした。子どもたちの生活リズムが整うよう、声をかけていきました。

進級後；内縁男性の存在と子どもの怪我の発見

　Dちゃんが3歳児、Eちゃんが2歳児クラスに進級してから、時折Dちゃんの会話に「パパと○○へ行った」など、「パパ」という言葉が聞かれるようになりました。どうやら母親に新たに彼氏ができた様子で、担任が聞いて

支援のポイント

家庭環境の変化（特に大人の出入り）は注意が必要です。子どものけがや言動も含めて担当課と連携を密にする必要があります。

みると、否定せず、一緒には暮らしていないとのことでした。

　ある日、Eちゃんが左目の下に青あざをつくって登所してきました。朝の視診で保育者が母親に尋ねると「自分で転んで打った」ということでした。しかし担任がDちゃんに聞くと「パパが押した」と言います。そこで写真を撮り、対応機関に連絡を入れました。その後、担当のケースワーカーが家庭訪問をし、母親と話をしますが、自分で転んだ旨の説明をしたようです。以後、保育所では、２人の顔や体に打ち身等がないか、情緒面で不安定になっていないかを注意してみることにしました。

　その後、近隣から「子どもが泣いている」といった通報が対応機関に入り、ケースワーカーが家庭訪問を繰り返す中、またEちゃんが顔にあざをつくって登所したため、対応機関に連絡を入れました。その後、対応機関より児童相談所のケースワーカーに連絡が入り、その日の夕方、降所して家に着いたところで、ケースワーカーが母親に事情を聞くと、「ごはんをちゃんと食べない」という理由で彼氏が手を上げて、その際にテーブルで顔を打ったと話したので、そのまま一時保護されました。

　母親と彼氏が児童相談所で面談を重ね、Eちゃんは１か月後、自宅に戻りました。児童相談所からは自宅に戻すという連絡が保育所に入りました。次の日、母親が２人を連れて登所しました。担任はいつもどおりの受け入れを心がけ、子どもたちも久しぶりに友だちと遊べることを喜んでいる様子でした。

　その後、保育所では見守りを続け、対応機関とも連絡をとり合う中、母親は彼氏と一緒に暮らすために転居する予定を話し、保育所の転所希望を提出しました。年度が変わり転居後、公立の保育所に転所しました。対応機関との連絡も含め、転出先の保育所に申し送りをし、次の保育所でも見守りを続けていましたが、その後母親は、彼氏との関係を解消したということです。

子どもの様子

　Dちゃんは活動的なところがあり、自分から友だちの中に入っていき、自分の思いを主張して遊んでいきます。生活の中でも、見通しをもって行動する力があります。

　Eちゃんも自我をはっきりと出して、自己主張します。姉と同じことがしたくて物の取り合いでけんかし、姉を泣かしてしまうこともありました。クラスでも自分の思いを出し、友だちとの物の取り合いなどの場面では、力ずくでとってしまうので譲れないこともあり、「貸してほしかったら、『かして』って言おうか」など担任が思いの伝え合いを仲介していきました。

2歳ということもあり、Eちゃんが言葉で自分の気持ちを伝えることは難しいですが、母親はEちゃんが泣いてぐずったり、自分の言葉に従わなかったりすることが煩わしく、声を荒げたり、「いいかげんにせえ」とどなりつけたりすることが多く、Eちゃんが母親に気持ちを聞いてもらうことは少なかったです。

👓 保護者の様子

　保育所では、担任が母親と関係を築くため、迎えの時には必ず声をかけ、その日の給食の食べ具合やお昼寝の様子、友だちとのかかわりなどで楽しめたことなどを伝えましたが、母親は担任の顔を見ずに軽くうなずくだけのことが多かったです。こちらから話しかけなければ母親から声をかけてくることはなく、人と話したりかかわることを好んでいないように感じられました。

　送迎時の子どもに対する声かけでは「早よせいや」「おいていくぞ」といった言葉が多く、Dちゃんは母親の言葉に敏感に反応して、自分で荷物の用意をしますが、Eちゃんは母親に抱いてほしかったり、靴を履かせてほしいことを態度で示すものの、母親に受け入れてもらえず、そのことで泣いて動かないでいると、また母親のどなる声が響いたり、母親とDちゃんだけが玄関を出て行くという繰り返しでした。

　そこで、玄関付近でEちゃんの泣き声が聞こえると、事務所にいる所長や主任がEちゃんにかかわり、Eちゃんの気持ちを代弁し母親に伝えていますが、母親にとってはそれも心地よいものではないように感じられました。

支援の内容

　姉妹の育ち、特にEちゃんは自我が芽生えてきた2歳の子どもの姿であることを伝えていました。しかし、母親は保育所の職員に対して気持ちを許しているとは感じられないため、まずは母親が話せる職員をつくる必要があると考えました。Dちゃんの担任は前年から持ち上がりで、母親にも少し話せるところがあったので、その担任が主に声をかけ、子どもたちの様子を伝えながら、母親の気持ちに寄り添っていきました。

　しかし、母親との信頼関係を築くことは難しく、母親から担任に声をかけ

てきたり、困っている表情を見せることはありませんでした。

　保健師が他児のことで保育所に巡回に来た時に、母親を見つけて声をかけると、母親は笑顔でうなずいていました。その保健師はDちゃんの出産時からかかわっていて、母親も信頼している様子がうかがえました。保育所内でも母親の笑顔を引き出すことができるようにと、子どもの様子を伝えるだけでなく、母親のことも気にかけていくように意識していきました。

まとめ

　母親に気持ちを受け入れてもらえていないEちゃんの姿が気になり、母親のかかわり方や子どもに対する理解をもう少しもってほしいという保育所の考えが先行していました。"母親"そのものを受け止め、認めるという視点がなく、そのため母親との関係が築けず、困っているという訴えにつながらなかったのだと考えられます。

　一時保護になる前に保健師と情報を共有し、対応機関も含めてケース会議を開いて連絡を取り合うべきでした。母親の育った背景や若年出産に至った経緯、一人で子育てをしてきた経緯を知り、寄り添うことが大切だったと考えられます。

　母親自身に、人とかかわり、人を頼り、困っているときには「助けて」を言えることの大切さを知ってもらえることが必要であったと考えます。

コメント

　一時保護ケースへの支援、子どもの声や言動のキャッチ、保護者支援の限界を認識について考えてみます。

一時保護ケースへの支援

①一時保護を体験している困難ケースについて、ていねいな振り返りができている貴重なケースです（第5章第2節参照）。

子どもの声や言動のキャッチ

②家庭環境に不安定さが感じられる場合は、子どもの声をていねいにキャッチし、大人が出入りしている可能性について関係機関に情報を提供し、連携をしながら見守りをする必要があります（第5章第10節参照）。

③特に、急にふさぎ込んだり、不自然なけがが増えるなど子どもの様子に変化が見られた際には、関係機関に連絡（場合によれば通報）し、要対協等のネットワークの中で子どもの安全を見守る体制をつくる必要があります（第4章第3節・第5章第10節参照）。

保護者支援の限界を認識

④母親との信頼関係づくりは、すべてのケースでうまくいくわけではありません。保育者は子どもと母親の関係を良い方向に導くために "ベストだと思う方法を選択" し、所内（園内）で了解をもらうことが大切です。「保護者の様子」で述べられている「子どもの気持ちを代弁する」という行為は保育者の大切な役割です。保護者に肯定的に受け止めてられない場合も、結果に左右されないという強い気持ちが大切になります（第5章第5節・第10節参照）。

⑤まとめで述べられているように、保護者の育ち（若年出産）を想像しながら、保育者が保護者の育ち直しを支えるような役割意識をもってかかわることもできたかもしれません。

⑥一方で、母親との信頼関係の構築に意識が向くあまり、家庭環境を確認し、子どもの危険性や安全性を確認することの優先度が下がることがない意識が必要です（第5章第10節参照）。

(倉石哲也)

CASE 5

祖母との愛着の形成が困難

事例概要

母親……26歳（精神疾患有、シングルマザー）
Fちゃん……3歳女児
兄……9歳（小学校3年生、母親が17歳での若年出産）
姉……7歳（小学校1年生）
祖母……40代（シングルマザーとしてFちゃんの母親を育てる）

　Fちゃんは母親と兄、姉の4人家族で、兄と姉は前夫の子どもです。Fちゃんの父親とも離婚後、母親が3人の子育てをしています。

　母親は精神疾患を患い、体調が思わしくない時は、近くに住む祖母が3人の子どもの面倒を見ることが多かったです。兄と姉も同じ保育所の卒園児ですが、姉が卒園した春に、2歳児クラスでFちゃんが入所しました。

家族構成

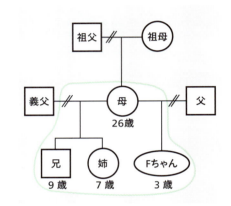

支援のポイント

母親が17歳で兄を出産しているため、若年出産ケースとして保健師がずっとかかわっており、Fちゃんの入所もスムーズでした。

支援の経過

　母親がFちゃんの父親と出会い、Fちゃんを出産する前後から、兄と姉は祖母宅に預けられることが多かったです。祖母自身は仕事をしながら保育所の送迎、2人の面倒を見ていました。

　母親はFちゃんが2歳になる前にFちゃんの父親と離婚しましたが、この頃から精神的な病状の悪化が見られ、保健師の勧めで、2歳の春からFちゃんが入所してきました。母親は朝起きることができず、遅く登所する日があったり、迎えが母親の都合で16時台の時もあれば、保育所の閉まる時間に間に合わないこともあるなど、Fちゃんが安定した生活を過ごせていないように思われました。

　兄と姉はほとんど祖母宅で過ごし、祖母は2人の世話で精一杯のところもありましたが、母親が迎えに来られない時は、祖母が迎えに来ることも増えていきました。しかし祖母は、兄と姉の世話をすることが多かったため、Fちゃんとのかかわりが少なく、Fちゃんは祖母が迎えに来てくれても、保育

者のそばを離れなかったり、祖母と一緒に帰ることを嫌がったりすることがありました。仕事を終えて迎えに来ているのに素直に応じないFちゃんに対し、祖母が気持ちを荒げることもあり、保育者だけではなく、所長や家庭支援担当の保育者が声をかけ、とりなしていました。

　しかし、母親の体調が回復せず入院することになり、Fちゃんも祖母宅で過ごすことになりました。朝送ってくる時から、祖母の怒った声が聞こえたり、迎えの時にFちゃんの泣き声が響いたりすることが続き、祖母がFちゃんに手を上げる姿が見られました。そのため、所長が市の家庭児童相談員に相談することをもちかけ、祖母が相談に行き、Fちゃんは一時保護されることになりました。その後、母親の長期入院により、Fちゃんは乳児院に入所しました。

👓 子どもの様子

　保育所への入所当初は、新しい環境に不安で泣いて過ごすことの多かったFちゃんですが、できるだけ決まった保育者がかかわるようにして、保育者との関係を土台に、自分のクラスが安心して過ごせる場所になっていきました。

　自分から進んで遊ぶことが少なく、保育者のそばにいることが多かったFちゃんは、自分の思いの表出は泣いて伝えることが多く、言葉が出にくく、友だちからのかかわりもあまり見られませんでした。周りの友だちのしていることに少しずつ興味を示すものの、自分からかかわることは少なく、みんなから少し離れた場所にいたり、一人でテラスに出ていくこともありました。保育者が遊びに誘いやりとりをすると、保育者との遊びでは少しずつ笑顔が見られるようになりました。

👓 保護者の様子

　母親は送迎時、常にサングラスとマスクをしていて表情は見えず、ほとんど声を発することがないため、担任も会話らしい会話をしたことがありませんでした。祖母には、Fちゃんが少しずつ保育所の生活に慣れてきていることなどを伝えますが、祖母からは「しゃべらへんでしょ」「まだおむつも取れないし」「よく泣くでしょ」「泣いてばっかりでうっとうしい子」といった否定的な言葉が返ってくるため、担任はFちゃんのことを肯定的に見てもらうため、祖母にどのように声をかけたらいいか戸惑うことも多かったです。

> **支援の内容**

　兄と姉が在籍していた時に担任をしたことのある保育者が家庭支援保育士となっていたため、Fちゃんのことではなく、兄と姉の様子を聞いたり、母親の具合を問いかけるなど話しかけていきました。祖母は自分と年齢が近く、家庭の状況も知っている家庭支援担当の保育者には、母親の状態や、兄や姉の学校や家での様子などを話していました。その中で、Fちゃんの父親に対して良くない感情をもっていたこと、そのせいでFちゃんは兄や姉のようにかわいいと思えないことなどを話していました。また、母親については、祖母自身も一人で母親を育て、母親が思春期の頃から互いに認め合えず今に至っていることを「どうしようもないし」と話していました。

まとめ

　Fちゃんが保育所で安心して過ごしていけることを一番に考え、複数の担任の中でFちゃんにかかわる担任を一人決めて、常にFちゃんに声をかけて受け入れることをしていきました。

　祖母に対しては家庭支援担当の保育者が中心となり、祖母の思いを聴き、寄り添うことで、祖母を責めるのではなく、一緒に考えていくことを伝えていきました。祖母からは「かわいいと思えない」という思いを相談され、Fちゃんのためにも祖母のためにも、無理をして一緒にいることはないのではないかとの思いから、所長が対応機関に連絡を入れ、祖母にも相談しにいくように話しました。

> **コメント**
>
> 　結果的に乳児院入所に至りましたが、学ぶことは多くあるケースです。反応性愛着障害への対応、保護者以外の送迎の際の保育者の対応と家族の理解、保育者への支援について考えます。
>
> 　**反応性愛着障害への対応**
>
> ①Fちゃんは当初、反応性愛着障害の傾向が見受けられましたが、家庭環境を想像すると、むしろ当然の反応と考えられるでしょう。反応性愛着障害を特別なこととせずに、保育者との1対1のかかわりや、たくさんの保育者からの声かけによって、Fちゃんは笑顔を見せるなど、保育所を安心できる場所として認識できるようになっています（第5章第3節・第4節参照）。
>
> 　**保護者以外の送迎の際の保育者の対応と家族の理解**
>
> ②母親以外の送迎時等の対応は、保育者が戸惑うことが多いでしょう。しかしまず、送迎を担当する人を尊重し、その人との信頼関係をつくることを意識します。このケースの場合、

祖母との信頼関係をつくる中で、子育ての大変さや自身の母親への思いなどを話すようになっています。祖母との関係が深まることで、母親との信頼関係が間接的に深める可能性があります（第5章第5節・第6節参照）。

③祖母と母親との関係や家族関係の難しさなどの情報を保育者が得ることには限界があります。家庭支援保育士や保健師など、家庭を支援する役割をもつ専門職から情報を得ることで、祖母や家庭への理解につながります。情報を得ることで、保育者が家族を責める気持ちから理解する気持ちへと変化が起こります（第5章第5節・第10節参照）。

④複雑な家庭環境を理解し、その家庭を支えるためには、保育所等で抱え込むことを防ぎ、ある程度方向性をもった役割分担の中で保育を提供できるようになります（第5章第10節参照）。

　保育者への支援

⑤一時保護を繰り返したり、結果的に施設入所に至るケースは、保育者の無力感や罪障感、そして燃えつきを助長させる危険性があります。これらを予防するためには、保育所内で支え合う意識だけでなく、関係機関で保育所等の役割や限界を意識して支え合うことは欠かせません（第5章第5節・第10節・第7章第3節参照）。　　　　　　　　　　（倉石哲也）

事例研究からの学び──本章のまとめ

　5つのケースを取り上げました。いずれのケースも、子どもと保護者の双方の支援に配慮が必要です。時には対応困難や保育者としての限界を感じざるを得ない場面が紹介されています。事例研究からは、保育者が子どもと保護者への支援の専門性を高めるのと同様に、連携することに強くなる必要性を理解できると思います。

　事例研究のまとめとして、5つのケースで取り上げた主要なポイントを5つにまとめました。これらの項目は、虐待が疑われるケースへの対応で共通する基本的事項と理解しましょう。それぞれの項目を学ぶことができる本書の箇所を紹介します。

❶関係機関や要対協との連携

　地域や自治体の専門機関との連携、要対協との連携について、法的位置づけと連携の方法を学びます。連携に関する法的位置づけは第2章第2節、連携の方法については第4章第4節を確認してください。

❷保育所等の役割の明確化

　要対協での協議を通して関係機関との役割が分担されます。保育所等の役割を明確にすると同時に、状況によっては限界を提示しなければならない時があります。その場合は、「できません」というのではなく、「この部分については、他の機関の協力をもらいたい」というように、他の機関に協力を依頼することも必要になります。

　連携については❶と同様になります。保育所等の役割の明確化は第2章第2節、その限界については第4章第5節で触れていますので、確認してください。

❸子どもから得る情報、子どもの声や言動のキャッチ

　子どものけがやネグレクトの状態、家庭環境については、保護者から情報を得るとともに、子どもから情報を得ることも必要です。

　情報収集・アセスメントについては第3章第4節〜第3章第5節、子どもからの聴き取りについては第4章第2節を確認してください。

❹子どもの愛着行動の回復（反応性愛着障害への対応）、一時保護ケースへの支援

　子どもへのケアについては第5章第3節〜第5章第4節で紹介しています

ので、確認してください。一時保護については、通告から現状確認や一時保護に至る経過と家庭復帰までの流れ等を理解することも大切です。施設入所についても同様の対応の経過を理解しておくと、保育所等での役割について児童相談所等との事前事後の協議が意識的にできるのではないでしょうか。

発見（気づき）から通告を経ての流れについては第4章第5節で紹介していますので、確認してください。

❺保護者支援の方向性、不安定な保護者への支援、波長を合わせる、保護者の愛着対象としての保育者の立場、保護者以外の送迎の際の保育者の対応と家族の理解

保護者対応については、保育者は特に苦心が必要になるところです。困難な保護者への対応のすべてが望ましい方向に進むわけではありませんが、基本的な対応方法を理解することで、支援の方向性を見出すことができるでしょう。

保護者対応（ケア）については、第5章第5節～第5章第7節で触れていますので確認してください。

事例研究はケースを理解し、ケースから保育者の対応のあり方について学ぶ機会になります。ケース理解とケース対応について本書のそれぞれの箇所を確認しながら、それぞれの保育現場に適したやり方に応用していただけることを願っています。　　　　　　　　　　　　　　　　　　　◆

コラム｜先進事例からの学び

行政と保育所等をつなぐ　家庭支援担当の働き
―――大阪府堺市

■家庭支援担当の位置づけ

　大阪府堺市では、何らかの支援を必要とする家庭が多い保育所等に、保育所在籍の親子支援や、子ども支援を目的とした家庭支援担当が配置されていました。ネットワークで見守る必要がある要保護児童が増加していること、虐待予防、早期支援を目的とした地域子育て支援の必要性がさらに重要視されるようになったことなどを背景に、公立保育所の役割をより一層推進することを目的として、家庭支援担当が区の担当として置かれるようになりました。

　所属はそれぞれ区内の保育所になりますが、平成27年度からは幼保推進課兼務と位置づけられ業務にあたっています（図表6-1）。

図表6-1　家庭支援担当の位置づけ

■家庭支援担当の仕事

　区の担当であっても、所属園で園在籍の保護者支援や子ども支援も担当しています。

　毎日の送迎時、保護者や子どもの様子、かかわり方などを見ることができ

るので、気になる親子の様子を観察し、必要な時に声をかけたりかかわりの支援を迅速にできることは家庭支援担当が保育士（保育教諭）であることの最大の特徴でしょう。日々の小さな声かけや支援の積み重ねが信頼関係の構築につながり、困った時に気軽に相談してもらったり、子育ての負担感を少しでも減らせるように働きかけたりしています。

　また、虐待等で見守りが必要になった場合は、クラス担任、事務所職員などで役割分担を確認しながら、保護者対応にあたったり、関係機関との連絡をとったりしています。家庭支援担当は園内での役割分担の確認や、関係機関との連携の円滑化に必要な対応をしています。

　区の担当としての活動は、区内の教育・保育施設との連携や、虐待予防、早期支援を目的とした地域子育て支援があります。その際には必要に応じてさまざまな関係機関と連携をとっています（図表6-2）。

図表6-2　家庭支援担当の仕事

■要保護児童対策地域協議会での役割

　2000（平成12）年に「子ども虐待等連絡会議」として発足した堺市子ども虐待防止ネットワークは、平成25年度から、虐待ケースだけでなく、支援の必要な在宅乳幼児や特定妊婦も対象とし、平成26年度から「堺市要保護児童対策地域協議会」と名称を改めています。

　家庭支援担当は、区ごとに年4回開催される区子ども虐待ケース連絡会や区要支援ケース連絡会、また、必要に応じて行われる個別ケースカンファレンスに参加しています（図表6-3）。

区子ども虐待ケース連絡会では、関係機関それぞれがケースに関する情報をもち寄り、さまざまな検討を行っています。家庭支援担当はその会議で必要になる情報提供書という書類を事前に、区内の公民保育所園、認定こども園、地域型保育事業所などを巡回訪問して回収しています。情報提供書回収の際に家庭の状況について心配なことや追加の情報などを得て、区子ども虐待ケース連絡会に出席します。会議で検討されたことや、園以外の関係機関から出た情報は、会議後それぞれの園に電話で報告しています。

　情報提供書のやりとりの際に、園から個別に相談を受けることがあります。こんな心配な状況の家庭があるが、今後どう対応していったらよいか、現在要保護家庭ではないもののこんな状態の家庭があるが、これは虐待にあたるのかどうか等です。ケースは1つひとつ状況が違うので、相談の具体的な内容を聞いた上で今後、園がとれる支援方法をいくつか提示したり、関係機関と連携がとれるよう段取りしたりしています。

図表6-3　堺市要保護児童対策地域協議会
出典：『堺市子どもを虐待から守るための支援』虐待対応実務マニュアル（第3改定版）をもとに筆者作成

■**家庭支援担当の役割**

　家庭支援担当者はケースワーカーではないので、自分が所属する園以外でケースに実際に対応することはありません。しかし、何か起こった時に連絡して対応してもらう家庭児童相談員（以下、家児相）とはまた違う役割が家庭支援担当にはあると考えています。定期的に巡回訪問することで対応の仕方について気軽に相談してもらうことができます。そこで支援方法を提示した

り、関係機関との連絡調整をする役割を担うことで、各園の見守りが強化されたり、見守りの質が向上し、虐待予防の一役を担うことにつながるのではないかと考えています。

その際、保育者という専門性を意識してかかわることが大切と考えています。子育てに不安や負担を感じる保護者のしんどさを受け止めるスタートは他の関係機関と同じでも、子どもの育ちの道筋を理解し、大人のかかわりが子どもの成長や学びにつながるものであるよう、子どもを中心においてケースをとらえる視点を大切にしていきたいと考えています。

また、それぞれの園で悩んだり困ったりしていることに対して、保育者として同じ目線に立って共感し、保護者対応やケース対応を一緒に考えられることが保育士（保育教諭）が家庭支援担当であることの強みだと考えています。

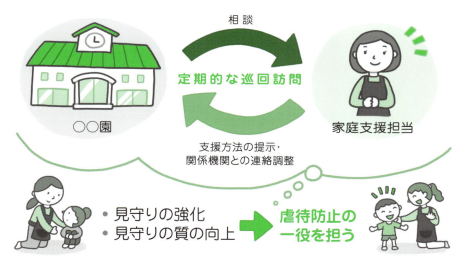

図表6-4　区の担当と要保護支援対応

■地域子育て支援における役割

区の担当として、虐待を未然に防ぐことを目的とした在宅親子支援にも力を入れています。地域の子育てサロンや子育てのつどいなどに参加し、歌や手あそび、体操などを一緒にしたり、育児相談を受けたりしています。また、保護者支援のための親子教室を区内の公立こども園で行っています。たくさんの保護者と話をしていると、子育ての負担感や不安感が強い方とも出会います。日頃から、保健センターや家児相、子育て支援センターなどの関係機関や地域の民生委員とはしっかり連携しており、そうした在宅親子の見守りを一緒に気をつける中で、いざという時には連絡をとり合って対応する事が

図表6-5　保育者の専門性を活かした行政機関としての役割

できます。
　また、平成28年度から教育・保育の質の向上を図り、公民で交流を深め横のつながりを強化していくために、教育・保育施設を対象とした交流会、研修会の事務局の役割を担うようになりました。在宅親子支援や教育・保育施設との連携強化のためのパイプ役は、一見違う仕事のようでいて、実は要保護要支援家庭に関する業務と密接に絡み合っている部分があります。関係機関や、教育・保育施設と顔の見えるつながりをたくさんもつことで、いざという時に思い出してもらい、「相談してみよう」「声をかけてみよう」と思ってもらえる存在になりたいと願っています。また、関係機関とのかかわりの中では保育者ならではの視点を大切にして、保護者や子どもの姿を把握し、支援や見守りの方法を一緒に検討していきたいと考えています。
　堺市では家庭支援担当の職務内容を、社会状況を反映し求められる役割を加味しながら柔軟に発展させてきました。今後も関係機関同士、教育・保育施設同士などの横のつながりをさらに密接にできるように、行政機関としての役割を果たしていきたいと考えています。　◆

Ⅲ 応用編

本章では、保育所等での虐待対応の質を上げるための研修方法について考えます。

第 **7** 章

保育所等の
システムづくり

1 園内でできる研修と進め方

（1）インシデント法

❶目的

　インシデント法は、１つの場面（インシデント）を想定して具体的な意思決定を訓練するための方法です。ケースの分析や対応力といった実践のレベルを上げるために有効な手法です。

❷手順

　実際の出来事や場面に則って、インシデントを取り上げます。インシデント対応ワークシートを利用してもよいでしょう。ステップはおおむね８段階で、所要時間は60分から90分程度とします（図表７-１）。この８段階は固定していないため、回数を重ねて進行に慣れることによって臨機応変に進め、短い時間で終えることも可能です。参加者で共有するために、ワークシート（図表７-２）にはあらかじめ①〜⑤（状況により⑦、⑧）まで記述をした上で検討に臨んでもよいでしょう。

```
1  ケースのインシデント紹介
2  問題と思われる点を抽出
3  関連する事実の確認と整理
4  考えられる対策の予測
5  予測に基づく事実の収集と整理
6  予測の修正
7  対策の決定と理由づけ
8  評価
```

図表７-１　インシデント法の進め方

　ポイントは、インシデントの場面（**1・2**）や関連して明らかになっている事実をすべて拾い出すこと（**3**）です。ワークシートの①〜⑤はすでに把握している事実をあらかじめ記入し、検討によって追記をしてもよいでしょう。こうすることで、子どもや家庭の状況の理解、問題場面の把握、対策の予測ができるようになります。**4** は通告に備えるのか、関係機関と共有するのか、把握した事実を保護者に伝えるのか、といった判断になります。その判断に

| | I.導入編 | II.実践編 | **III.応用編** |

| ①担当者 |
| ②児童名　　　　　年齢 |
| ③インシデント場面 |
| ④虐待リスクの事実　/　気になる事実関係 |
| ⑤アセスメント |
| 必要な情報は何か?（子ども、保護者、家庭環境等） |
| ⑥重症度:　　　　重度　　　　　　　　中度　　　　　　　軽度 |
| ⑦連携機関 |
| ⑧関係機関への連絡・通告の有無　　　　連絡（情報提供）　　通告 |
| ⑨園内での役割分担 |
| ⑩関係機関との役割分担 |
| ⑪支援方針 |
| ⑫留意点 |

図表 7−2　インシデント対応ワークシート

伴い、**5**で新たな事実確認を行うことになります（通告する場合、過去のけがやあざなどの洗い出しを行う等）。**6**の予測とは、参加者のこれまでの経験、基礎的知識、原則や法律等の規定に基づいて行われるものです。予測を立てることで、その後に集めるべき事実の方向性（家庭環境、親子関係、子どものトラウマ反応など）を決めることになります。

　同一ケースでインシデントが新しくなれば、新たに事実確認から始めます。新たに現れた事実を通じて担当者の立てた予測と異なる状況が起きれば、さらに情報収集を行いながら次の対策を検討することになります。

例：インシデント

　日頃から母親に怒られる場面が多い園児 A が、今朝、目の周りを腫らして登園してきました。母親は、「遊んでいて机の角でぶつけた」と保育者に報告していたようです。A は暗く沈んだ表情をしていました。

　この場合、**1〜8**はどのように進むでしょうか。まず、園児Aについて最近の様子を含めて状況を確認します（**1**）。次に目を腫らしていた事実と母親の報告と園児Aの表情を確認し（**2**）、過去のけがやあざの経歴を確認します。その後親子の関係を洗い出し（**3**）、通告か情報共有の判断を行います（**4**）。そのために園児Aに警戒心を抱かせないようけがの理由を尋ねる、保育場面での園児Aの様子を確認します（**5**）。ここまではワークシートの①〜⑤に記入できる内容です。あらかじめ記入しておいてもよいですし、検討の場で確認しながら記述（加筆）してもよいでしょう。情報を共有しながら通告を行うか否かの判断をするために（**6**）、けがの重症度の判断や保護者の説明の矛盾などについて検討し（**7**）、インシデント場面での対応を評価・検討します（**8**）。

（2）ロール・プレイング法

❶目的

　インシデント法と並び、シミュレーション型の事例研究の技法です。この方法は教育・研修の技法として、教育、福祉、司法あるいはセールス営業などさまざまな分野で取り入れられています。虐待対応の研修にロール・プレイングを用いるのは、主に保育者の子どもへの対応や保護者への対応の場面

になります。工夫をすれば関係機関への対応にも活用できるでしょう。ロール・プレイング法は図表7-3のような特徴があります。

---

1. 参加メンバー全員に、同じ状況（場面）を提示することができる
2. 討議を通して、自由に意見を交換できる
3. 登場人物になりきり、人物の心の動きを疑似体験できる
4. （利用者と援助者の心の動きなど）具体的に問題提起ができる
5. 実際の場面を教材として使用できる
6. 技法の獲得に適している
7. さまざまな解決・対応策が考えられる

図表7-3　ロール・プレイング法の特徴

---

❷手順

　ロール・プレイングで取り上げるケースは、全体像を提示するよりも、インシデント場面をより具体化した上で使用します。メンバー全員にロール・プレイングで扱う場面のシチュエーション（インシデント）が知らされます。場合によれば、メンバーの役割（保育者や子ども、母親、祖母など）が書かれた用紙が配布されることもあります。

　リーダー役がインシデントの場面を解説した後、メンバーは4〜5人程度のグループに分かれ、観察者、利用者（対象者）、援助者（保育者）の役割を交代で体験します。1回のロール・プレイングの時間は5分から10分程度です。1回のロール・プレイングが終わるごとに、体験したことの振り返りと観察者からのフィードバックを行います。最後に全体でロール・プレイングを通した気づきや学びについて検討します。

　ロール・プレイング法を園内研修等に取り入れることによって、虐待が疑われる子どもや保護者への対応を検討できるだけでなく、保育者のかかわりを利用者（対象者）の立場から検討することができます。ロール・プレイングで取り上げたインシデントを通してケースの理解や分析を行う視野が広がることが期待されます。また、関係機関とのやりとりを振り返ることで、保育所等とのより適切な関係が構築する可能性が考えられるでしょう。

❸役割

　リーダー役は、ロール・プレイングの方法をメンバーに理解できるように説明します。ロール・プレイング中はグループで発生する事態に柔軟に対応します。ロール・プレイングでは、緊張から笑ってしまって進まない、対応がわからずに沈黙が続く、早々にやめてしまうなど、グループにはさまざ

な反応が起こります。こうした場合、一旦ストップをして厳しく注意をした後に再開させる方法もありますが、緊張すると役をこなすことに精一杯になってしまい、気づくことができなくなる危惧（きぐ）もあります。ロール・プレイングの目的は、上手に役をこなすことではなく、体験によって気づきを促すことです。ロール・プレイングで起こる事態によっては、それを受け止め、許容し、最初からやり直すなどの対応が必要となります。

観察者は、ロール・プレイングの間、利用者（対象者）役と保育者役のやりとりを観察し、記録し、振り返りを行う際に活躍します。役割への労（ねぎら）いや肯定的な発言を心がけることで、グループの振り返りが豊かになります。

利用者（対象者）役と援助者役は、インシデント場面で体験したことについて、グループや全体での振り返りで自由に発言し参加者と共有をします。

> **例：インシデント**
>
> 　頬に叩かれた痕がある園児Bが登園してきました。保育者Cはけがの理由を確認し、保育所内で共有しなければならないと判断しました。Bへの聴き取り、保育者Dとの情報共有、Bの母親Eへの事実確認などを行う必要があります。

このインシデント場面から想定できるロール・プレイングは、次のとおりです。

ア．園児Bへの保育者Cによる言葉がけや対応の場面（情報の収集）

イ．園児Bから聴き取った内容を保育者Cが保育者Dに伝える場面（情報共有）

ウ．保育者CがBの母親Eに電話をして（園で会った際に）事実確認を行う場面

ア、イ、ウそれぞれを1つの場面とします。交代で全員が同じ場面を体験します。振り返りを行った上で、別の場面についてロール・プレイングを進めます。このインシデント場面では、保育者Cは同じメンバーが演じることもあります。

❹留意点

実際の保育場面に類似したインシデントをロール・プレイングで体験し、利用者（対象者）役と援助者役は自分の思いや考え、感じたことを正直に振り返ります。特に利用者（対象者）役の立場からの振り返りは、ロール・プ

レイングの醍醐味といえるでしょう。振り返りでは体験の自由な語らいを保障します。個人の発言を批判せず受け止める姿勢がロール・プレイングの体験学習を深めるでしょう。

（3）Kawakita Jiro法（KJ法）

❶目的

川喜田二郎（文化人類学者）が考案した、問題解決や課題整理を行う方法です。事例研究の他に研究活動、実践課題の整理あるいは対象者理解のためにも活用されます。全体にかける時間は30分から60分程度です。

❷手順

通常2～6名程度のグループで行います（図表7-4）。

1．事例・インシデントの説明。子どもへのかかわり、親への対応など、インシデント場面で保育者が考える課題について説明する。

2．グループごとに模造紙1枚とカード（人数×数十枚）を用意し、参加メンバーは与えられたテーマについて問題点や課題解決に向けた事柄を書き出す。メンバーには、カードが数枚単位で配布され、そのカードに取り上げられたケースのインシデント場面と提出された理由に関して考えたり感じたことを自由に書き出す（直接関係がないような事柄でも、重要だと考える事柄は書き出す）。1枚のカードに1つの事柄を書く。ほんの小さな事柄でもかまわない。

3．書き出したカードを各自持ち寄り、カードに書かれた内容を全員で吟味しながら、類似した内容のカードを集め、模造紙の上に配置する。類似したカードの集まりをKJ法では「島」と呼び、どの島にも属さないカードも重視し、その場合はカード1枚で島とする。

4．島に集められたカードの中身を吟味し、最もふさわしいタイトルを島につける。タイトルはできる限り端的な表現にする。

5．島を模造紙に仮置きし、島の関係を意識して配置を考える。類似した内容は近くに、対極の内容は離れた場所に置く。

6．類似した島同士をグループにして、大きな島をつくる。さらにそのグループを集めて、より大きな島をつくることもある。島同士の関係を線で結び、線上に関係性を表現する。

図表7-4　KJ法の進め方

例：インシデント

年中児のＦは、最近同じ服で登園しています。母親に理由を尋ねると「この服が好きで、ほかの服を着ようとしない」と説明しているようです。清潔感がなく、Ｆの身体からにおいがすることも増えています。保育所の昼食では、一心不乱に食べることが多くなっています。

このインシデント場面で子どもや母親にどのように対応すればよいのでしょうか。図表7-4に沿って考えてみます。担当保育者から家庭環境やこれまでの対応などについて情報の提供を受けメンバーで共有します（1）。メンバーは子どもへの声かけ、保育場面での見守り、子どもの心理状態や母親の心理的背景、園内外との情報共有の方法等、気づくことを自由に1枚のカードに1つずつ書き出します（2）。書き出されたカードを島に分類し（3・4）、模造紙の上に置きながら（5）、子どもと家庭の理解と対応上の留意点などをまとめていきます（6）。

❸留意点

課題や解決方法に関係する事柄を書き出す速さには個人差があります。カードの内容もメンバーの関心事によってばらつきが出ます。進行役は書き出されたカードの枚数や内容にとらわれないように、すべてのカードを尊重します。書き出しが進まないメンバーのために、5枚、10枚と目標枚数を設定することもあります。

島をつくることと島同士の関係性（関連性）を考えることが、KJ法のポイントです。カードを通してメンバーの考えが表現されるので、ディスカッションができるようになります。他のメンバーの考えを聞き、取り入れることは学びになり実践の応用力を高めることにつながります。

KJ法は、仕上げることのみが目標ではなく、模造紙で島の関連性を表現することでカードを通した意見交換や考えの広がり、さまざまな考えをまとめる（統合させる）力を身に付けることに目的があります。

以上、園内でできる事例研究（事例研修）の代表的な方法を紹介しました。事例研究や事例研修は、最初から結論が決まったような話になる、堂々めぐりになり、結論が見出せない場合があります。研修として学びを深めたり、課題解決を図ろうとする場合には、一定の枠組みのある方法を採用すると効率的に時間を使うことができます。◆

2 事例研究（ケース・カンファレンス）の進め方

　保育所等ではさまざまな場面で事例検討（研究）が行われます。その日の子どもや保護者との出来事についての振り返り、困難場面での対応の検討、関係機関と情報を共有するためのケース検討など、事例について話し合う場面はさまざまです。しかし、せっかくの機会でも議論が行きつ戻りつする、議論が飛躍する、堂々めぐりになる、話が脱線するなど効率が悪く、時間の浪費と職員のストレスを増加させているだけの事例検討も少なくありません。

　事例検討をできるだけスムーズに行うためには、日頃から事例を検討する方法を園内研修で修得しておくとよいでしょう。ここでは、園内研修としての事例研究の進め方について紹介します。

（1）　事例研究の特性

　事例研究は、ケースについて情報を集約し、課題解決を行うための方法です。情報の解釈や判断は、客観的な事実（何が起きているのか、子どもや保護者の様子、保育者の対応など）と、主観的に解釈する部分（子どもの行動の背景理解、世帯の理解など）の2つの側面から成り立ちます。事実を確認するだけではなく、メンバーの考えや事実関係の解釈を重んじながら、対応方法や援助方針を決めていくという特長をもった作業になります。

（2）　事例の理解

　取り上げる事例は、1つの場面やいくつかの場面の組み合わせであったり、これまでの経過や事実から構成されます。そこには事実関係が中心に情報として提示されますが、提示された事実だけでなく、事実に関係する関連情報が発表者から提供される必要があります。関連する事実や出来事の解釈が補足されることによって、ケースの理解が奥行きをもってできるようになります。

（3） 事例研究の意義

保育の実践現場で行われる事例研究の意味について考えてみましょう。

❶ 1つの事例を体系的に理解する

事例（インシデント）を客観的、体系的に理解する方法の1つです。

❷ 訓練としての事例研究

園内研修において事例研究は重要です。現場で保育者の資質向上を目指すために有効な方法です。

❸ 園内での共通認識を図る

きめ細かな対応が求められる保育実践で事例研究を定期的に行うことは、特に困難なケースの場合は重要です。担当者だけでなく、職員全員がそのケースについて情報を共有し、日々の保育の中で起こり得る事態を予測しながら職員の体制を組みケースに対応できるようにします。起こり得る事態に備えることで、職員の一体感やチームワーク意識が高められます。担当職員の負担やストレスの軽減にも有効です。

❹ 方針の明確化

具体的な援助方針を決めていく中で、職員の意識や園内体制の課題、関係機関との連携の課題など、直接的・間接的な課題が明らかにできます。事例研究を通してさまざまな課題が浮き彫りになり、援助方針を明確にできます。

❺ 関係機関との相互理解

複数の機関や施設が集まって個別ケースの処遇について検討することは、それぞれの機関の役割や考えをお互いに理解する機会となります。保育所等の処遇困難ケースは、保健センターや福祉事務所、学校などさまざまな機関が同時にかかわることが多くあります。それぞれの機関がもつ情報を集約し、それぞれの専門分野での処遇をお互いに理解し、課題解決に向けた援助の方向性を共有することができます。

（4） 事例研究の長さ

1回の時間は45〜60分程度が一般的ですが、現場の実情に合わせて30分

程度に圧縮することも可能です。その場合は、準備の段階から全体の流れを習得しておく必要があります。1時間以上になる場合は、参加メンバーの集中力の持続が難しくなるおそれもあるため、時間内に結論が出なくてもあらかじめ決められた時間で終了するようにします。

（5） 参加者数

　事例研究の目的によりますが、研修目的で参加者の発言を促すことを考えると15 ～ 20名程度となります。参加者が多い場合は、小グループに分けてオープン・ディスカッション（テーマを設定した話し合い）を取り入れ、意見集約を図るなどの工夫をします。

（6） 事例研究の準備

　円滑な進行をするためには、次のような準備が必要です。

❶適当な広さの部屋
　参加する人数にふさわしい広さが必要です。職員室で行われる場合が多いですが、全員の顔が見えるような位置に座るなど、広さに合わせた座り方を工夫する必要があります。

❷机の配置
　参加者の全員の表情が見えるように席を配置します。表情は、非言語的なコミュニケーションの一種です。司会者は、参加者の表情を見ながら発言を促すことができるようになります。

❸白板（または黒板等）
　参加者の発言を要約しながら板書を行います。板書することで、共有される情報が参加者全員の視野に入り、進み具合と内容が参加者全員に認識されます。また、参加メンバーは板書を見ることで顔が上がり、お互いの表情がわかるので質問や意見が活発になるなどコミュニケーションがはかどります。白板（ホワイトボード）は事例研究では重要な道具です。

（7）事例研究の流れ

　事例研究では次のような進行が考えられます。

❶進行係の選任

　司会者になります。特定の職員が担当する場合もありますが、輪番制にしてすべての職員が進行係を経験するのもよいでしょう。進行係を経験すると、一参加者に戻った際に、進行係に協力的な発言ができるようになります。

　進行係は開始に先立って、予定されている所要時間を参加者に伝え、効率的な進行への協力を参加メンバーに依頼します。予定した時間内に結論が出ない場合は、緊急性を伴う場合を除き、いったん打ち切り、次の検討会の日時を設定します。

❷記録係の選任

　記録係は輪番制で行いましょう。記録にはノートへの記録と板書係の2役が必要になります。記録係は板書された内容をノートに筆記します。

❸参加者の紹介

　初参加のメンバーや他機関の職員が参加する場合は、進行係が紹介しましょう。

❹進行係による開始

　進行係は、予定している総時間のうち、各部分の時間配分を伝え、参加者の協力を求めましょう。

❺事例の発表

1：レジュメの作成

　レジュメは次の内容をふまえて事前に作成しておき、参加者全員に配布します。図表7-5のようなシートを活用してもよいでしょう。

- 本人とその家族（家族構成、家族図の表記など）
- 顕在化している問題
- 簡単な経過（直近の事実から経過をさかのぼって記述する場合もある）
- 本人や家族の現状
- 関係機関や社会資源との関係等

担当者名（　　　　　）		確認者名（　　　　　）	

児童氏名	年齢　　　男・女	

家族構成

虐待加害者（疑い含む）　　　　虐待種別

関係機関

家族構成図（ファミリー・マップ）

インシデント場面（　　月　　日　　時〜　　時）

経過・対応（子どもの意向、保護者の意向など）

問題（課題）の整理

優先順位

園の支援方針と役割分担

図表 7－5　事例研究のワークシート

２：発表

　レジュメにしたがって説明を行います。進行係はあらかじめ発表時間を伝え、「約〇分でお願いします」と告げ、発表者にはレジュメから逸れた発言をしないように協力を求めます。発表時間には全体の１割程度を使います。

❻情報の追加（質問）

　進行係は、発表を聞いた参加者の質問を受け情報の共有を図ります。情報の追加は新しい事実関係に対する参加メンバーの考えを共有する重要な機会となります。質問の内容によって、ケースについて質問者の関心のあるポイントが把握できます。情報の追加には、全体の１～２割程度の時間を設けます。重要なのは、質問はこの段階で原則終了することを参加者に認識してもらうことです。繰り返し質問がされることによって議論の後戻りや蒸し返しを避けるためです。

❼問題の洗い出し

　質問が終わったら、インシデントやケースについての問題点を参加者に自由に列挙（発言）してもらいます。進行係にとって重要なのは、事の重要性ではなく、参加メンバーが気づいたことや考えたことをできるだけ多くあげるようにすることです。

　板書係は、参加者があげた問題点等を残さず板書します。板書に際しては、簡潔な表記を心がけることが重要です。１行や数文字で記述できるように、発言者にも協力を要請します。こうすることで、発言者は冗長な発言を慎み、要点を押さえた発言が増えるようになります。簡潔な表現が難しい場合もありますが、進行係が参加者に意見を求め、進行係自身も考えます。

　表現の簡潔化は「名づけ」の作業でもあり、問題を焦点化し整理するためにも大切です。虐待対応の事例研究では、子どもや保護者の様子、家庭等の環境、関係機関との関係等が、問題の洗い出しの中心的なテーマとなります。

❽問題の吟味

　問題の洗い出しによって整理された問題について、考えられる原因などを考察します。事実関係をつなぎ合わせて想像するという作業にもなります。いくつかの問題が関連しあっている場合には、主な問題との関係を考えます（例：ネグレクトと母親の生育歴との関係等）。

❾優先順位の決定

複数あげられた問題点について優先順位を決定します。優先順位をつける際には、次の点に配慮します。

１：表面に現れている現象面の問題

２：問題の本質…事例（インシデント）の重要な問題は何か

３：当面すべき対応。ある程度の効果が期待できる問題

問題の洗い出しの段階などで取り上げられた問題でも、主要でない問題はこの段階で削除します。

❿資源の確認

子どもと保護者（家庭）を援助していく上で有効な資源について情報を出し合います。

１：保育所等内の資源（人、プログラム、道具等）

２：保育所等外の資源（関係機関、地域、人、情報、制度やサービス等）

⓫援助方針の決定

ここまでの検討を踏まえ、現実的な援助方針を決定します。問題の優先性や緊急性にしたがい、利用できる資源を活用しながら具体的な方針を考えます。方針は複数あげられるのが望ましいでしょう。

⓬役割分担の決定

具体的な援助を進めるにあたり、保育所等内での役割と関係機関との役割について決定します。

⓭援助の実施期間の決定

各自が分担する役割とその役割の実施時期を決定します。

⓮会の総括

進行係は事例研究の総括を行い、参加者全員の確認を求めます。

以上が、計画的な事例研究の進行になります。このような手順を参考にすることで、議論の飛躍、結論の先走り、蒸し返しを防ぎます。進行係が進行段階を説明することで、結論の段階に来ているのに質問をしたり、冗長に発言する、話題が拡散するといったことも防ぐことができるでしょう。

進行係が経験者に偏ると、経験の浅い職員が経験者の発言に引っ張られ発

言を控えてしまい、経過や背景を理解できないまま結論が下されるおそれがあります。経験者が進行係をする場合は、参加メンバー内の役割を確認し、メンバー全体に進行段階の提示を行い、発言の要約を促すことに留意します。そして経験の浅い職員が発言しやすいような雰囲気をつくり、発言を促すようにします。こうすることで、研修として職員の質の向上に役立ちます[※]。

※西尾祐吾「ケースカンファレンスの技法」小関康之・西尾祐吾編著『臨床ソーシャルワーク論』中央法規出版、1997年

（8） 事例研究の留意点

　園内研修で事例研究を行う目的は、大きく２つあります。１つはケースの課題や援助方針を職員で共有すること、もう１つはケースの担当者を支えることです。この２つは事例研究の目的の両輪として尊重される必要がありますが、困難ケースでは、課題を共有できても援助方針が立てられないことがあります。しかし、担当者を支える意識が参加メンバーにあれば、ケースの方針は明確になっていないものの、担当者は子どもや家族と向き合うことに意欲がもてるようになるでしょう。担当者が他のメンバーから支えられる体験をするという事例研究の目的の１つを達成したといえるでしょう。

　担当者を支えるために参加メンバーが意識することは、ケースに関する情報を求めるあまり担当者を質問攻めにしたり、それまでの対応等を批判的に評価しないようにすることです。参加メンバーは担当者のケースに対応する際の苦心や苦労に耳を傾け、それまでの対応を受容的に評価し、担当者の長所（ストレングス）を積極的に認めていく姿勢をとります。

　受容的な雰囲気の事例研究は、担当者と参加者の気持ちを落ち着かせ、職場内で協力していこうという空気をつくることになります。また、経験の浅い職員も積極的に事例を提供できるようになります。　　　◆

I.導入編　II.実践編　III.応用編

3 職員を支える

（1）保育者のつぶやき

> 「あ〜、どうしよう、このままではあの子にもクラスの他の子どもにも十分にかかわれないし、なんとかならないかな〜。園に来るのがゆううつになっているし、私は保育者に向いてないのかな……」
> 「私のやっていることは、これでいいんだろうか。あの子に嫌がらせばかりされるし、私はあの子に役に立っているのかな……」
> 「このままクラスの中でなすすべがないままでいいのかな〜。誰かに見ておいてほしいけれど、みんな忙しそうだし、頼めそうにないな〜。つらいな……」

　子どもや家庭への対応の仕方は1つではありません。保育者は、虐待を受けている子どもの言動に一喜一憂して振り回されている自分にイライラしたり、そのような自分に対して自己嫌悪に陥ったり、さらには、子どもたちとのかかわりに疲労困憊してしまい、保育者としての自信を失ってしまうこともあるかもしれません。また、できる限りのことをしていても、子どものことを思うとこのままでよいのだろうかと心細くなり、強い不安におそわれることがあるのではないでしょうか。

　虐待を受けている子どもへの対応は「こうでなければならない」という正解はありませんし、答えも1つではありません。職員間で対応の方向性を決め、共通理解がなされていれば、保育者によってかかわり方が違っていいはずです。子どもによっては、担任以外の保育者に愛着を求めることがあります。これは、子どもがもつ愛着特性が背景にあるためです。担任は焦ったり必要以上に責任を感じすぎる必要はなく、多くの保育者と一緒に見守りながら子どもの愛着を育てていくことが大切です。

　子どもへの対応は、経験豊かな保育者がかかわればうまくいくというものでもありません。同じ保育所等で働く人々は、保育者としての経験年数だけでなく、特技や感性によって子どもとの関係の取り方も異なります。「当該の子ども」対「園全体の保育者」という関係をつくり、愛着を形成するため

のチームとしての職員集団をつくり、子どもを見守りましょう。保育者同士でSOSを出し、助け合う関係をつくりましょう。その中で、子どもへのかかわりや保護者への対応では役割分担を確認しながら支え合います。助け合いが豊かな職員集団は、子どもが安心して保育生活を送るためのベース（安全基地）となるでしょう。

また、保育所等での対応に行き詰まりを感じる時は、園内で問題を抱え込むのではなく、積極的に要対協や家庭児童相談室などの専門機関に相談することも考えましょう。

（2）保育者の燃え尽きを防ぐ

虐待を受けた子どもや虐待をする保護者とかかわると、保育者は大きなストレスを抱えることになります。保育者が精一杯頑張ったとしても、子どもの激しい行動（愛着障害）がすぐに安定することはありません。保護者に拒否されたり苦情を訴えられる、人格を否定されるような攻撃を受けることがあると、激しい精神的・身体的疲労感や苦痛をつのらせることになります。また、不適切な養育家庭に毎日子どもを戻す（帰らせる）ことで、子どもに悪いことをしているのではないかという罪悪感をつのらせることもあります。担当者にとっては、達成感よりも無力感が大きくなるのが、虐待ケースと出会った時の特徴といえるでしょう。

保育者が燃え尽きないためには、孤立しないこと、一人で抱え込まないこと、仲間と話すこと、園内外で情報を共有すること※、気分転換を忘れないこと、楽しいと思うことを意識して行うことなどの自己管理が求められるのです。　　　　　　　　　　　　　　　　　　　　　　　　　　　◆

※園内やネットワークにおける個人情報の管理は「個人情報の保護に関する法律」に十分に配慮する必要があります。また、虐待が疑われるケースの通告に関しては、「児童虐待の防止等に関する法律」第6条のように、守秘義務の遵守は問われないものと解釈されています。

参考文献

母子愛育会日本子ども家庭総合研究所編著『子ども虐待対応の手引き』有斐閣、2014年

厚生労働省雇用均等・児童家庭局総務課「子ども虐待対応の手引き」（平成25年8月改正版）

大分県・大分県教育委員会「教職員・保育従事者のための児童虐待対応の手引き」

厚生労働省雇用均等・児童家庭局総務課長「虐待通告のあった児童の安全確認の手引き」
2010年

『子ども虐待防止 予防と援助〜保育実践への提言〜』研究紀要No.4、ちゃいるどネット大阪、2007年

厚生労働省雇用均等・児童家庭局総務課長「児童虐待に係る児童相談所と市町村の共通リスクアセスメントツールについて」2017年

愛知県健康福祉部児童家庭課「あいち子どもの虐待対応マニュアル：市町村向け」2005年

竹中哲夫『現代児童養護論』ミネルヴァ書房、1993年

L.E.アーノルド編，作田勉訳『親指導と児童精神科治療』星和書店、1981年

泉南市子どもを守る地域ネットワーク「ストップ! 子ども虐待! 子ども虐待対応マニュアルⅡ」
2013年

数井みゆき・遠藤利彦編著『アタッチメント―生涯にわたる絆』ミネルヴァ書房、2005年

数井みゆき・遠藤利彦編著『アタッチメントと臨床領域』ミネルヴァ書房、2007年

小関康之・西尾祐吾編著『臨床ソーシャルワーク論』中央法規出版、1997年

西尾祐吾編著『保健・福祉におけるケース・カンファレンスの実践』中央法規出版、1998年

索引

あ行

RAD	46
愛着	114、156
愛着関係	113、162
愛着行動	114、138
愛着障害	46、116
愛着スタイル	138
赤ちゃん返り	57
アセスメント	146
アセスメントシート	70
アビューズ	14
甘え	112
安全確認	108
一時保護	9、66、90、93、96、109、168
1歳半健診	48
イヤイヤ期	106
医療機関	88
医療ネグレクト	15
インシデント	87、184、192
インシデント法	184
うつ	45
うなずき	126、131
エインズワース	114
ASD	46
エビデンス	145
園内研修	192
オープン・ディスカッション	193
親子分離	66

か行

介入	98、118
加害者	18
確認上手	148
過食	51
家庭裁判所	110
家庭支援担当	162、178
家庭支援担当職員	158
家庭児童相談員	158
家庭児童相談室	8、70、88、96
家庭復帰	66
家庭訪問	88、101、119
カンファレンス	154
キーパーソン	134
聴き上手	148

虐待	14
…のサイン	40
…のリスク	40、91
虐待死	18
虐待ハイリスク	91
虐待ローリスク	91
境界性パーソナリティ障害	65
きょうだい	61、98、144
きょうだい間差別	61
緊急性	99
苦情	135
クレーム	135
KJ法	189
ケース・カンファレンス	191
ケース検討会議	97
ケース照会	96
ケースワーカー	154
研修	184
現状確認	32、105
個人情報	200
子育て期	44
子ども虐待等連絡会議	179
子ども虐待評価チェックリスト	42
子どもの最善の利益	34
子ども理解	127
個別ケース検討会議	31、70、108

さ行

在宅支援	66
里親	66、111
里親委託	66、111
里親家庭	104
産後うつ	132
3歳児神話	48
産褥期	44
支援	101
支援方針	108
時間ルール	104
市区町村	96
自己効力感	121
施設入所措置	110
自尊感情	121、141
市町村	23
実務者会議	31
児童委員	22

児童虐待	20
児童虐待相談対応件数	17
児童虐待の防止等に関する法律	14、20
児童虐待防止推進月間	20
児童相談所	8、17、22、88、96
児童福祉施設	8
児童福祉法	23
児童養護施設	104
自閉症スペクトラム	28
自閉スペクトラム症候群	46、106
島	189
社交的かかわり	131
終結	108
修正	57
主任児童委員	88
守秘義務	22
受理会議	108
初期調査	108
助言	132
助言的かかわり	132
ジョン・ボウルビィ	46、114
事例研究	177、186、190
事例研修	190
事例検討	33、191
ジレンマ	35
親権	25
親告	15
親族里親	111
身体的虐待	14
信頼関係	125
心理的虐待	16
親和的な抵抗	64
スキンシップ	15、56
ステップファミリー	116
ストレングス	128、198
ストレングス・アプローチ	128
ストレンジシチュエーション法	114
性化行動	55
精神疾患	63、88、123、172
性的虐待	15
専門里親	111
早期発見	20、21、86
育てにくさ	63、162

203

た 行

対応機関	108
体験の不足	112
第三者評価	30
体罰	61
代表者会議	31
対話的かかわり	131
立ち入り調査	109
試し行動	57、113
地域子育て支援	181
チーム	145
…の限界	146
チームアプローチ	146
チームワーク	37、147
注意欠陥多動性障害	28
懲戒権	26
通告	20、21、70、86、89、95
通告義務	22
通告先	100
DV	16、68
特定妊婦	25
特別な配慮を必要とする幼児	28
特別養子縁組	111
匿名通報	107
ドメスティック・バイオレンス	16、68
トラウマ	45、117
トラウマ被曝	138

な 行

乳児院	104
乳幼児健診	32
妊娠期	43
ネグレクト	14、15
ネグレクトケース	153
ネットワーク	37

は 行

波長	122
波長合わせ	161
発達障害	134
パニック	120
板書	196
反応性愛着障害	165、174
PTP	120
非言語的コミュニケーション	121
一人遊び	55
ひとり親家庭	47、67
秘密漏示	22

被養育体験	61
ファミリー・マップ	195
福祉事務所	22、32
普通養子縁組	111
不適切な養育	29
分離保護	93
保育者	199
保育所保育指針	26、86
保育士倫理綱領	35
放任	14
ホームスタート	119
保健師	152、155
保護者	125
保護者対応	177
母子家庭	47
ポストトラウマティックプレイ	117

ま 行

身柄つき通告	17
見守り	101
ミュンヒハウゼン症候群	14
民生委員	22
民法	25
面前 DV	21
燃え尽き	200

や 行

養育里親	111
要支援児童	25
幼児性万能感	121
幼児性楽観主義	121
幼稚園教育要領	28
要保護児童	25、158
要保護児童対策地域協議会	23、31、96
要保護児童対策調整機関	96
幼保連携型認定こども園教育・保育要領	27

ら 行

濫用	14
レジュメ	194
連携	176、179
連絡ノート	131
ロール・プレイング法	186

おわりに

　近年、保育所等を利用しながらも虐待によって死亡するケースが、少しずつ増えています。その要因の1つは、養育に困難を抱える家庭の保育所等の利用が増加したことにあります。児童福祉法の改正によって、自治体は虐待が疑われる家庭に保育所等の利用をすすめる傾向にありますが、保育者が虐待に気づき、状況を把握し、支援を行うことは容易ではありません。虐待が疑われる子どもを保育する時、保育者は緊張感を強いられています。

　早期に虐待を発見し支援の手が差し伸べられれば、不適切な養育で苦しむ子どもと保護者を救えるはずです。誰しも当たり前のように考えることです。ところが、子どもや保護者と毎日顔を合わせていると、子どもに明らかな兆候が発見されなければ、見過ごされることも少なくありません。虐待に気づき、事実を把握することは、言葉で表すほど簡単なことではないのです。

　保育所等は、子どもや保護者との信頼関係の中で日々の保育を成り立たせています。ですから、たとえ虐待に気づいても、保護者との対立を避けたくなるのは、保育者の心情として十分に理解できます。養育の改善を期待し、虐待の事実を低く見積もろうとする心理が働いても不思議ではありません。

　本書はそういった困難を抱える保育所等において、少しでも役に立つ対応マニュアルが作れないだろうかという思いから執筆されたものです。

　本書ができるまでには、多くの方々の支えがありました。筆者は、NPO法人ちゃいるどネット大阪で20年近く「養育困難を抱える家庭への支援」の研究会で、保育者の方々と学ぶ機会を与えていただいています。研究会での交流は、筆者にとって大きな学びの機会となっています。本書で紹介させていただいたアセスメントシートは、保育現場でこそ役立つアセスメントシートを作成したい、という強い思いをもった研究会の先生方による集大成です。児童虐待防止協会の中塚恒子さんには、協会の和知富士子さんらと2016年に大阪で開催された「日本子ども虐待防止学会　第22回学術集会おおさか大会」で、「子ども虐待における保育所の役割」について、発表する機会を与えていただきました。その発表に関心をもって参加された中央法規出版第一編集部の平林敦史さんが、本書の企画を提案されました。平林さんには、筆の進まない筆者を最後まで支えていただきました。感謝いたします。

　本書が保育所等での虐待対応の一助になることを願うとともに、お気づきの点があればご指導いただけると幸いです。

2018年4月

倉石哲也

著者紹介

倉石哲也（くらいし・てつや）

武庫川女子大学文学部心理・福祉学科教授。博士（学術）。専門は家族を中心としたソーシャルワーク。著書に『学齢期の子育て支援』（どりむ社、2013年）、『家族ソーシャルワーク』（ミネルヴァ書房、2004年）、『地域と家庭の未来像』（共著　金子書房、2014年）、『家族心理学ハンドブック』（共著　金子書房、近刊）など。

事例提供（第6章）

堺市幼保連携型認定こども園、豊中市幼保連携型認定こども園

保育現場の
子ども虐待対応マニュアル
予防から発見・通告・支援のシステムづくり

2018年 5 月30日　発行

著者　　　倉石哲也
発行者　　荘村明彦
発行所　　中央法規出版株式会社
　　　　　〒110-0016
　　　　　東京都台東区台東 3-29-1 中央法規ビル
　　　　　営業　　　Tel 03 (3834) 5817　Fax 03 (3837) 8037
　　　　　書店窓口 Tel 03 (3834) 5815　Fax 03 (3837) 8035
　　　　　編集　　　Tel 03 (3834) 5812　Fax 03 (3837) 8032
　　　　　https://www.chuohoki.co.jp/
装丁　　　chichols
イラスト　ふるやまなつみ
印刷・製本　株式会社太洋社

定価はカバーに表示してあります。
ISBN978-4-8058-5687-1
本書のコピー、スキャン、デジタル化等の無断複製は、著作権法上での例外を除き
禁じられています。また、本書を代行業者等の第三者に依頼してコピー、スキャン、
デジタル化することは、たとえ個人や家庭内での利用であっても著作権法違反です。
落丁本・乱丁本はお取替えいたします。